不一样的
中国大百科

洋洋兔 编绘

科学普及出版社
·北 京·

图书在版编目（CIP）数据

不一样的中国大百科 / 洋洋兔编绘 . -- 北京 : 科学普及出版社 , 2023.6
ISBN 978-7-110-10586-3

Ⅰ . ①不… Ⅱ . ①洋… Ⅲ . ①科学知识 – 儿童读物
Ⅳ . ① Z228.1

中国国家版本馆 CIP 数据核字 (2023) 第 073597 号

策划编辑	胡　怡
责任编辑	胡　怡
封面设计	洋洋兔
正文设计	洋洋兔
责任校对	张晓莉
责任印刷	马宇晨

出　　版	科学普及出版社
发　　行	中国科学技术出版社有限公司发行部
地　　址	北京市海淀区中关村南大街 16 号
邮　　编	100081
发行电话	010-62173865
传　　真	010-62173081
网　　址	http://www.cspbooks.com.cn

开　　本	710mm×1000mm　1/12
字　　数	295 千字
印　　张	24
版　　次	2023 年 6 月第 1 版
印　　次	2023 年 6 月第 1 次印刷
印　　刷	北京世纪恒宇印刷有限公司
书　　号	ISBN 978-7-110-10586-3/Z·263
定　　价	198.00 元

纸上中国

你有没有这样一本笔记，里面装着自己点点滴滴的回忆。当你翻开每一页，或阅读到一段文字，或发现彩色胶带粘贴的照片，或联想到某一次旅行，或思念起某位难以忘怀的老朋友……总之，这本笔记能记录流逝的时间和时间带来的变化，以及亘古不变的真理。

也许，你可以用这本笔记来描绘伟大的中国。回望历史，五千多年的璀璨画面映入眼帘；走进地理，一望无垠、层峦叠嶂的风景立于纸上。你想了解文学？这本条理清晰的笔记可以带你去往不同的世界。你想欣赏艺术？这本笔记可以带你寻找美，探索多样的文化成果。

这本笔记是特别的，不一样表现在以纯手绘的方式呈现中国故事、中华文化和中国元素；不一样展示在用你的视角来探索拥有数千年历史的中国；不一样体现在用全新的百科形式来传递知识。来吧，翻开这本笔记，我们一起遨游祖国的锦绣山河吧！让我们一起深度了解她的过去，认真阅读她的现在，更好地拥抱她的未来。

目录

地理环境

中国历史纪年

考古发现

神话传说

历史人物

历史大事记

古代经济

历史概况

科技

文学

艺术

书画

音乐

工艺美术

民俗文化

辽阔的国土

全称：中华人民共和国

首都：北京

陆地面积：约960万平方千米

海域面积：约473万平方千米

人口：约14亿

中国位于亚洲东部、太平洋西岸，历史悠久，民族众多，幅员辽阔，在地图上就像一只屹立在东方的雄鸡。中国同14国接壤，与8国海上相邻。中国的省级行政区划为23个省、5个自治区、4个直辖市、2个特别行政区。中国的首都是北京市。

典籍里的中国

"中国"一词最早出现在《诗经·大雅·民劳》的"惠此中国，国无有残"中。不过，这里的中国是京城、京师的意思。后来，"中国"的含义拓展到黄河流域一带。秦汉以来，人们又把不属于黄河流域但在中原王朝统辖范围内的地区都称为"中国"，"中国"一词便成为我国的通用名号。

九州、神州

关于我国的称呼还有很多，比如九州和神州。

九州为古代传说中的中国地理区划，起源于春秋战国时期。对于九州，古代有几种说法，其中《尚书·禹贡》中所载的九州分别为冀州、兖州、青州、徐州、扬州、荆州、豫州、梁州、雍州。

我国俗称"神州大地"，此名见于《史记·孟子荀卿列传》，人们后用"神州"做中国的别称。

地理环境

横卧在我国北部辽阔的疆土之上的黄河孕育了中华文明，祖国大地如花似锦，生机勃勃。

黄河

呈"几"字形的黄河全长约5464千米，途经黄土高原，为其下游区域带来大量的泥沙，也带来了孕育生命的土壤。

夸父追日

精卫填海

仓颉造字

黄帝

3

三大阶梯

中国地势西高东低，大致呈三级阶梯状分布。

中国有四大高原，分别是青藏高原、内蒙古高原、云贵高原和黄土高原。

中国有四大盆地，分别是塔里木盆地、准噶尔盆地、柴达木盆地和四川盆地。

中国有三大平原，分别是东北平原、华北平原和长江中下游平原。

中国河流众多，有长江和黄河等。

中国有五大淡水湖，分别是鄱阳湖、洞庭湖、太湖、洪泽湖、巢湖。

第一级阶梯

我国西南部的青藏高原构成了我国的第一级阶梯，平均海拔在4000米以上，号称"世界屋脊"。

第二级阶梯

我国的第二级阶梯在青藏高原边缘的以东和以北，以高原和盆地为主，海拔多在1000~2000米。

第三级阶梯

我国的第三级阶梯在我国东部，以平原、丘陵为主，海拔多在500米以下并继续向海洋延伸，形成近海的大陆架。

复杂的地形地貌

我国是一个多山的国家。在山区，很多人打开家门就能看到山。你家附近有山吗？那些山有多高，算不算高山、大山呢？其实要了解一座山的高度，我们需要先知道一个概念——海拔。

海拔是以海平面为基准，高出海平面的垂直高度。例如身为世界最高峰的珠穆朗玛峰，海拔足有8848.86米。

红柳

地理环境

来给山峰比比"个子"吧！

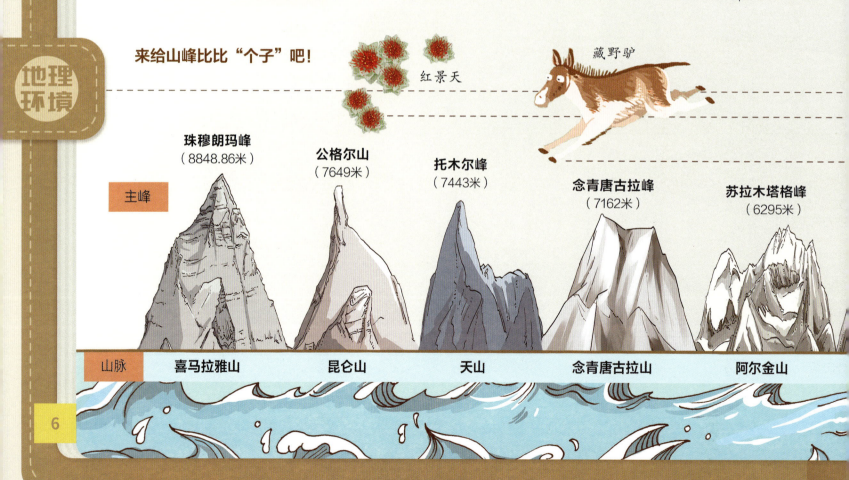

红景天

藏野驴

| 主峰 | 珠穆朗玛峰（8848.86米） | 公格尔山（7649米） | 托木尔峰（7443米） | 念青唐古拉峰（7162米） | 苏拉木塔格峰（6295米） |
| 山脉 | 喜马拉雅山 | 昆仑山 | 天山 | 念青唐古拉山 | 阿尔金山 |

五岳

东岳泰山 五岳之首，位于山东省泰安市。

南岳衡山 位于湖南省衡阳市南岳区。

西岳华山 位于陕西省渭南市华阴市。

北岳恒山 位于山西省大同市浑源县。

中岳嵩山 位于河南省登封市。

古人很早便认识山川，崇拜山川。古代皇帝号称天子，历代皇帝都要亲临或派人到五岳祭祀。每逢改朝换代，有的新皇帝还到东岳泰山祭天，谓之"封"；到附近的小山祭地，谓之"禅"。于是，风景秀丽、历史悠久的五大名山的称号流传开来，成为特有的文化符号。

贝母

雪莲花

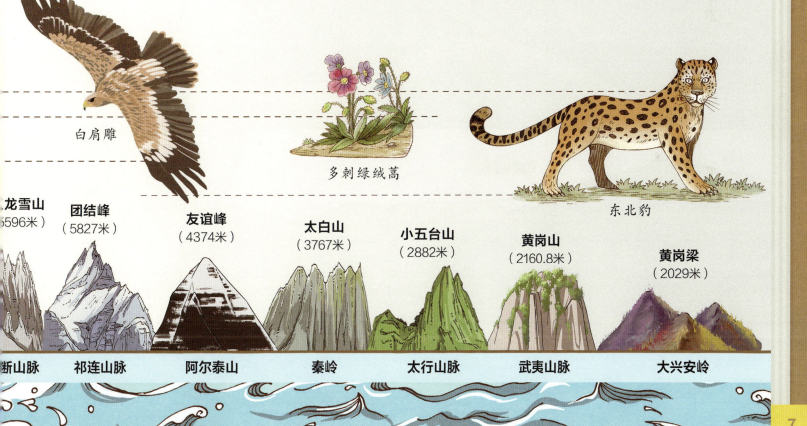

白肩雕

多刺绿绒蒿

东北豹

龙雪山
（596米）

团结峰
（5827米）

友谊峰
（4374米）

太白山
（3767米）

小五台山
（2882米）

黄岗山
（2160.8米）

黄岗梁
（2029米）

新山脉　祁连山脉　阿尔泰山　秦岭　太行山脉　武夷山脉　大兴安岭

新疆天山

地理环境

四川盆地

我国幅员辽阔，地形多样，有纵横交错的山脉、气势磅礴的高原、一望无际的平原，群山环抱的盆地和起伏连绵的丘陵。

山地

我国是一个多山的国家，山地面积约占全国总面积的33%。

盆地

我国的盆地面积约占全国总面积的19%。

内蒙古高原

高原

我国高原的面积约占全国总面积的26%。

丘陵

我国丘陵的面积约占全国总面积的10%。

平原

我国平原的面积约占全国总面积的12%。

东南丘陵

东北平原

9

南北气温差异

我国冬季最冷的地方

内蒙古自治区根河市

年平均气温：-5.3 ℃

历史记载极端最低气温：-58 ℃

原因：纬度位置高，受冬季风影响大。

北极光

我国夏季最热的地方

新疆维吾尔自治区吐鲁番市

年平均气温：14 ℃

历史记载极端最高气温：49.6 ℃

原因：深居内陆，大陆性特征显著，地势低，地形闭塞，难以受到海洋暖湿气流的影响，夏季升温快。

胡杨林

如果你是住在北方的孩子，一定对雪不陌生。冬天，北方的气温大多在零度以下，河面结冰，天空飘雪，到处都是一幅冰雪世界的景象。南方却很少下雪，因为南方的气温常年在零度以上。当北方人穿着厚厚的羽绒服，与寒风做斗争的时候，南方人还在享受温暖的阳光。不过，南方也有一个例外，那就是青藏高原。青藏高原海拔高，大气稀薄，气温低且日差较大。

同样是中国，为什么温度差异会这么大呢？

第一，这是因为地球是圆形的，每个地方接收到的太阳热量并不是一样的。以赤道为中心，越靠近北极或南极的地方，温度就越低。中国处于地球的北半球，所以整体上是越往北气温越低的。

第二，冬季阳光直射在南半球，太阳辐射获得的热量少，又因为中国南北纬度跨度大，北方的太阳高度与南方差别显著。

第三，中国在冬季受冬季风影响，北方离冬季风发源地近，降温幅度大；南方离发源地远，降温幅度小。

同样是寒假的某一天，你可能在做什么？各地的小朋友又可能在做什么呢？

北京 -7℃

北方地区

哈尔滨 -26℃

三亚 25℃

南方地区

上海 0℃

乌鲁木齐 -17℃

西北地区

呼和浩特 -18℃

青藏地区

拉萨 -8℃

干旱与潮湿

在我国最大的沙漠——塔克拉玛干沙漠，映入眼帘的是漫天沙漠，但在南方，我们经常遇到大雨，甚至是洪水。是不是我国的降水分布特别不均匀呢？的确是。

分布不均匀的降水量让我国划分出了干湿区。快来看看你家是在干旱区，还是湿润区呢？

我国降水最多的地方

台湾岛东北部的火烧寮

（年平均降水量达6558 mm）

我国降水最少的地方

吐鲁番盆地中的托克逊

（年平均降水量仅5.9 mm，年降水天数不足10天）

中国年降水量的分布

空间分布 从东南向西北递减

时间变化 季节变化大，降水集中在夏、秋两季

800 mm等降水量线 沿着青藏高原东南边缘，然后折向东，沿着秦岭——淮河一线

400 mm等降水量线 大致沿大兴安岭——长城一线到兰州，向西南，经青藏高原到冈底斯山一线

200 mm等降水量线 经内蒙古中部——贺兰山——祁连山经青藏高原一线

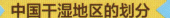

中国干湿地区的划分

　　我国的干湿地区分布与年降水量分布密切相关，从东南沿海往西北内陆，从湿润区、半湿润区，逐渐转变到半干旱区、干旱区。

湿润区　分布在秦岭——淮河以南、青藏高原南部、内蒙古东北部、东北三省东部。

半湿润区　分布在东北平原、华北平原、黄土高原大部、青藏高原东南部。

半干旱区　分布在内蒙古高原、黄土高原的一部分、青藏高原大部。

干旱区　分布在新疆、内蒙古高原西部、青藏高原西北部。

大江大河

我国是世界上河流较多的国家之一，有许多源远流长的大江大河。我国东部有珠江、长江、黄河、淮河、辽河、海河、黑龙江等，西部有塔里木河、雅鲁藏布江、怒江、澜沧江、额尔齐斯河等，还有大运河、灵渠等人工河。

黄河壶口瀑布

中国的山河湖海之最

面积最大的海洋 南海

最高的山峰 珠穆朗玛峰

最长的河流 长江

海拔最高的河流 雅鲁藏布江

最长的内陆河 塔里木河

面积最大的淡水湖 鄱阳湖

面积最大的内陆咸水湖 青海湖

最深的天然湖泊 长白山天池

海拔最低的湖 艾丁湖

成语小帖士

五湖四海

意思 指全国各地，有时也指世界各地。

出处 在《地理通释·十道山川考》中，"五湖"指彭蠡、洞庭湖、巢湖、太湖、鉴湖，现在一般指洞庭湖、鄱阳湖、太湖、巢湖、洪泽湖。四海出自《礼记·祭义》："夫孝，置之而塞乎天地，溥之而横乎四海。"后有"四海之内皆兄弟"的古语。

14

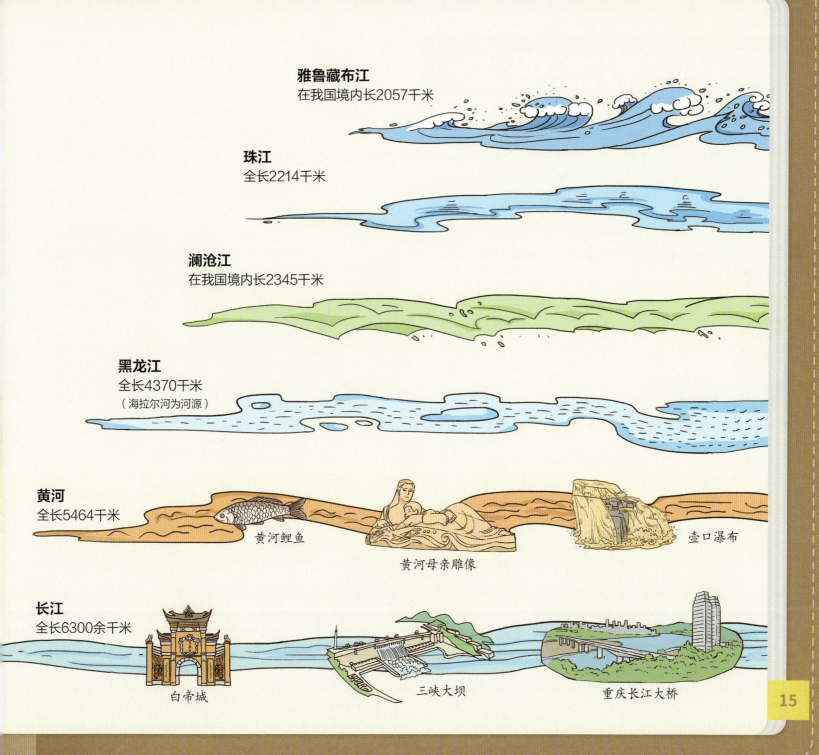

雅鲁藏布江
在我国境内长2057千米

珠江
全长2214千米

澜沧江
在我国境内长2345千米

黑龙江
全长4370千米
（海拉尔河为河源）

黄河
全长5464千米

黄河鲤鱼

黄河母亲雕像

壶口瀑布

长江
全长6300余千米

白帝城

三峡大坝

重庆长江大桥

在中国的土地上

土地孕育万物，我们可以用"地大物博""物产丰富"两个词来形容中国。中国约有960万平方千米的陆地面积和14亿人口，但人均占地面积其实并不多。

我国的土地类型复杂多样，为我们的经营和发展创造了有利条件。那我们是怎样利用土地的呢？

地理环境

草地

主要分布在干旱区和半干旱区的内陆高原、盆地，比如呼伦贝尔草原和羌塘高原上的草原等。

建筑用地

耕地

主要分布在湿润区和半湿润区的平原及低缓丘陵，比如东北平原、华北平原和长江中下游平原。

主要分布在干旱区和半干旱区的沙漠、戈壁，比如塔里木盆地里的沙漠和敦煌附近的戈壁荒漠。

永久积雪和冰川

我国当代诗人刘湛秋的《中国的土地》是这样描写中国土地的"神奇"的：

一串串杜鹃花嫣红姹紫

激流的三峡传来神女的叹息

冬天从冻土层到绿色的椰子林

蔷薇色的海浪抚爱着砂粒

　　然而，我们的土地资源还面临着水土流失、草场退化、土地荒漠化、滥伐森林和乱占耕地等问题。长此以往，我们也许难以看到多样的美景、吃到各样的美食，所以我们要珍惜和合理地利用每一寸土地。

林地

主要分布在湿润区的山地，比如大兴安岭、小兴安岭和长江以南的山地。

17

生命之源

小朋友，当你打开水龙头洗手时，看着源源不断的水流，是否想到过，其实我国的某些地方是极度缺水的？

我们通常把地球上的淡水资源称为水资源。河流水和淡水湖泊水是我国主要的淡水资源。

从河流分布来看，我国的水资源以长江流域为界，南方的水资源占全国的80%以上，北方不足20%，特别是华北和西北地区，缺水严重。

面对这个问题，国家选择建设水利工程，比如兴建水库、启动南水北调工程。

清淡的我才能用于生产和生活。

在天空中凝聚后，我们又变成降水，就这样完成了循环。

兴建水库

太热啦，我们要蒸发了。

在丰水期，我们会在水库时刻准备着。

我们会被用于灌溉。

到了枯水期，我们会被放出来。

18

南水北调

我们通过南水北调工程，把长江流域的水调到缺水严重的华北和西北地区。南水北调工程共分为西线、中线和东线三条线路，主要有明渠、管涵、暗涵、渡槽、隧洞、倒虹吸等调水方式。

明渠

管涵

暗涵

渡槽

倒虹吸

隧洞

南水北调六种调水方式

去旅行喽！

虽然水利工程能够帮助缺水地区缓解用水困难，但我国存在着严重的水资源浪费和水污染的情况，这甚至加剧了缺水程度。所以，我们希望你可以谨记"水是生命之源"这句话，节约用水，保护水资源。

勇敢的植物

到了春天，你有没有去踏青呢？你有没有仔细观察过身边的植物呢？它们多种多样，有贴近地面的"小矮人"，有耸立云霄的"巨人"；有叶细如针的树木，也有叶大如扇的林木。为什么会这样呢？这和我国南北温度差异，以及天气干旱湿润的程度密切相关。

我国从北到南分布着针叶林、落叶阔叶林、常绿阔叶林和热带雨林等植被类型。

针叶林就是以松、杉等为主，树叶如针，分布在冬季严寒的地方。

落叶阔叶林多分布在四季分明的地方，植物的叶子相对大一些，到冬天的时候，这些植物的叶子会掉光，树干变得光秃秃。

同理，常绿阔叶林中的植被四季常绿，但分布在气候比较炎热、湿润的地方。

热带雨林里的植被非常多样，终年常绿，分布在高温多雨的地方。这里的植物高大，叶大如扇。

我国从东向西的干湿度不同，故植物也有所不同。东部温暖湿润，大多是草原；西部炎热干旱，多为荒漠，那里的植物都非常耐旱。

金花茶

金花茶花色金黄，十分罕见。

银杏

银杏最早出现在中生代，经第四纪冰期后保存下来。银杏的寿命很长，可达上千岁。

水杉

远在1亿多年前的中生代白垩纪，水杉就出现在地球上，因气候影响，曾濒临灭绝。

我的花苞像鸽子的两只翅膀，所以我也被称作"鸽子树"。

珙桐

珙桐是距今6000万年前新生代第三纪留下的植物，生长在我国四川、湖北等地。

香果树

香果树是新生代第三纪孑遗的植物，现在多分布在我国西南部地区的山谷林中。

地理环境

珍稀动物在哪里

　　中国是世界上动物资源最为丰富的国家之一。据统计，全国陆栖脊椎动物（包括两栖动物、爬行动物、鸟类、哺乳动物）约有2070种，占世界陆栖脊椎动物的9.8%。其中鸟类1170多种、兽类400多种、两栖类184种，分别占世界同类动物的13.5%、11.3%和7.3%。

　　动物们原本自由自在地生活在大自然里，因为人类的滥捕滥杀，还有环境的变化，许多动物逐渐失去了自己的同伴，也失去了自己的家园。

　　那些数量极度稀少而珍贵的野生动物，我们称之为珍稀野生动物。保护珍稀野生动物是我们每个人的义务和责任。让我们来认识和了解这些可爱的野生动物吧！

因腹部羽毛呈黄色，故名"黄腹角雉"。

黄腹角雉

黑颈鹤

黑颈鹤是中国的特有物种，也是世界上唯一一种生长、繁殖在高原上的鹤。

红腹锦鸡

因为我们的毛皮非常珍贵，所以我的很多兄弟姐妹都被杀死了……偷猎行为是可耻的！

藏羚羊

藏羚羊是青藏高原特有物种，有"高原精灵"的美誉。

西北地区

我爱吃肉！

荒漠猫

荒漠猫主要生活在我国西北的荒漠、半荒漠地带，是攀爬、奔跑、捕猎的能手。

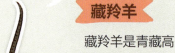

藏野驴

藏野驴是青藏高原特有物种，体形与蒙古野驴相似。

伊犁鼠兔

南方地区

远在人类出现之前，我就已经存在了。

中华鲟

中华鲟是现存最古老的鱼类之一。

扬子鳄

扬子鳄是中国特有物种之一，主要分布在长江下游流域，是世界上体形最小的鳄鱼品种之一。

大熊猫

大熊猫是中国国宝，主要生活在长江上游的高山深谷地区。

长江江豚

金丝猴

中国的金丝猴分川金丝猴、滇金丝猴、黔金丝猴三种，栖息地与大熊猫有重合之处。

海南长臂猿

震旦鸦雀

古印度人称中国为"震旦"。这种鸟仅在中国发现，所以得名"震旦鸦雀"。由于震旦鸦雀仅生活在芦苇荡中，且数量过于稀少，又被称为"鸟中大熊猫"。

珍稀野生动物如果得不到及时的保护，就有可能灭绝。

相信我，中国以前真的有犀牛。

台湾云豹
（1972年灭绝）

中国犀牛
（1922年灭绝）

我已经无法展翅飞翔，不过大家可以在上海自然博物馆看到我的标本哦。

白头鹳
（灭绝年代不祥）

亚洲猎豹
（1948年灭绝）

长江白鲟
（于2022年被正式宣告灭绝）

23

地下的宝藏

中国幅员辽阔，地质条件多样，矿产资源丰富，矿产171种，已探明储量的有157种，其中钨、锑、稀土、钼、钒和钛等矿产资源的探明储量居世界首位。煤、铁、铅锌、铜、银、汞、锡、镍、磷灰石、石棉等矿产资源的储量均居世界前列。

什么是矿产资源？

矿产资源是指由地质作用形成的，具有利用价值的，呈固态、液态、气态的自然资源。

矿产资源怎么分类？

根据矿产的特性和主要用途，矿产资源可以分为煤、石油、地热等能源矿产，铁、锰、铜等金属矿产，金刚石、石灰岩、黏土等非金属矿产，地下水、矿泉水等水气矿产。

我国主要矿产的分布

煤炭

北多南少，60%以上分布在华北，东北、西北也不少。山西（最多）、内蒙古、陕西、新疆等省（区）煤炭资源丰富。

天然气

西多东少，北多南少。陆上天然气主要集中分布在新疆（塔里木盆地、准噶尔盆地）、青海（柴达木盆地）、川渝（四川盆地）和陕甘宁（鄂尔多斯盆地）四大气区，以四川盆地最多。

石油

我国已探明的石油，大陆上主要分布在东北、华北和西北，沿海大陆架也蕴藏着较多的石油。我国的主要油田有大庆、辽河、华北、胜利、中原及塔里木盆地的塔北和塔中油田等。

铁矿

我国八大铁矿产地分别是鞍山、本溪、迁安、白云鄂博、攀枝花、大冶、马鞍山、石碌。

有色金属矿分布

矿产名称	矿产地
铜矿	江西德兴、安徽铜陵、云南东川、甘肃白银
铅锌	湖南水口山、云南兰坪、青海锡铁山
锑	湖南锡矿山
钨	江西大余
锡	云南个旧
汞	贵州铜仁
镍	甘肃金昌
铝土	广西平果、山东淄博、贵州修文
金	山东招远
稀土	内蒙古白云鄂博

其他矿产分布

矿产名称	矿产地
钒、钛	四川攀枝花
磷矿	四川、云南、贵州、湖南、湖北
井盐	四川自贡
钾盐	青海察尔汗盐湖

　　总的来说，我国北方多煤炭、石油、天然气，南方多有色金属矿。

井盐

北方地区

地理环境

位置

大兴安岭、青藏高原以东，内蒙古高原以南，秦岭—淮河以北，东临渤海和黄海。

地形

以平原和高原为主，东部有东北平原和华北平原，西部有黄土高原。

气候

最冷月平均气温0 ℃以下，东北地区平均气温大约为-20 ℃，处于最北端的漠河北极村的最低气温是-52.3 ℃；最热月平均气温20 ℃以上。

特色

"白山黑水"、世界最大的黄土堆积区、祖国的首都。

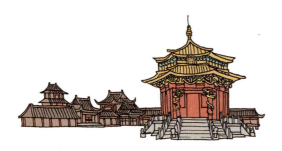

故宫

北京是一座有着3000多年历史的古都，其历史可以追溯到西周时期。后来，北京渐渐地变成了多个朝代的都城，留下了许多名胜古迹。

北京也是一座现代化的国际都市。2008年，北京成功举办了第29届夏季奥林匹克运动会；2022年，北京又携手张家口举办了第24届冬季奥林匹克运动会。北京由此成为世界上第一座"双奥之城"。

天坛

"白山黑水"——东北三省

东北三省是我国最北和最东的地区，包括黑龙江省、吉林省和辽宁省。这里的冬季寒冷漫长，冷到泼水成冰，所以这里是观赏冰雕的好地方。如此寒冷的东北三省却是山环水绕、沃野千里。高高耸起的山地中间围着一大片平原，像马蹄落地留下的痕迹一样。大兴安岭、小兴安岭上覆盖着林海，里面藏着不少宝贝。听说过东北三宝吗？它们分别是貂皮、人参和鹿茸。

人参　鹿茸　紫貂

东北三宝

为什么东北三省叫"白山黑水"呢？因为这里有千山万水，其中最有名的山是长白山，最有名的水是黑龙江。山水之间的黑土地上种满了庄稼，曾经沼泽遍布的"北大荒"变成了现在粮食丰收的"北大仓"。

世界上最大的黄土堆积区——黄土高原

窑洞

华北平原西侧横亘着一座太行山，越过太行山就是千沟万壑的黄土高原，黄土高原上奔流着中华民族的母亲河——黄河。疏松肥沃的黄土地非常适合耕种，早在六七千年前，华夏始祖炎黄二帝便在这里开创了华夏文明的先河。

悠久的历史和独特的自然环境让这里的生活富有特色。人们在黄土高原上开凿窑洞作民居，制作各式各样的美味面食，兴致来了再高歌一曲陕北民歌——信天游。

信天游　**华山松**

南方地区

地理环境

位置

秦岭—淮河以南，青藏高原以东，东面和南面分别濒临黄海、东海和南海。

地形

西部以高原和盆地为主，东部有平原、低山、丘陵，沿海有面积较大的平原和三角洲。

气候

最热月平均气温为28~30℃，最冷月平均气温在0℃以上。

特色

红土地、"鱼米之乡"。

鱼米之乡——长江三角洲地区

滚滚的长江向东入海前，冲积出了一大块三角地带，这就是我们常说的长江三角洲地区。这里土壤肥沃，适宜种植水稻；这里河湖众多，淡水鱼种类丰富，自古以来便是我国的"鱼米之乡"。

拙政园

西塘

周庄

天然大温室——海南省

一条北回归线穿过了我国台湾省、广东省、广西壮族自治区和云南省，以南的区域就是热带，一年中有300多天的温度都在10℃以上，热带植物和动物种类繁多。

杨桃

番荔枝

蛋黄果

榴莲　　　　菠萝蜜

完全置身在热带的海南省陆地面积不大，却管辖着南海的西沙群岛、中沙群岛和南沙群岛及周围的南海海域。算上这些海域，海南省的面积有200多万平方千米！在海南，最常见的是椰树，最珍贵的是黄花梨，最好看的是黎族风情，最好吃的当然是数不清的热带水果啦！

开平碉楼

去四川看大熊猫

贵州黄果树瀑布

江西景德镇的精美瓷器

面朝大海的鼓浪屿

"天下第一奇山"——安徽黄山

独特的南国风光

29

西北地区

位置

大兴安岭以西，长城和昆仑山—阿尔金山以北。

地形

以高原和盆地为主，东部主要是内蒙古高原，西部相间分布着高山和盆地。

气候

干旱少雨。

特色

草原、荒漠草原和荒漠。

沙湖

西北地区的中国之最

中国最大的盆地 塔里木盆地

中国最大的沙漠 塔克拉玛干沙漠

中国最长的内陆河 塔里木河

中国陆地海拔最低的地方 艾丁湖

中国最热的地方 吐鲁番

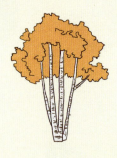

辽阔草原和雄浑大漠

　　大家对西北地区的印象是什么呢？我想一定是干旱。由于深居内陆，西北地区的年降水量从东到西依次递减，从400毫米往西减少到200毫米，甚至到50毫米以下。自然景观从东向西是草原、荒漠草原、荒漠。所以在这里，你能看到"天苍苍，野茫茫，风吹草低见牛羊"的辽阔草原和"大漠孤烟直，长河落日圆"的雄浑大漠。

　　干旱的西北地区远比我们想象的更美丽。塞上江南——河套平原，瓜果绿洲——河西走廊，准噶尔盆地、塔里木盆地和柴达木盆地上不只有沙漠和梭梭树，还蕴藏着煤、石油、天然气等矿产资源。当然，也许小朋友们更喜爱的是吐鲁番的葡萄。

青藏地区

位置

横断山脉以西，昆仑山脉—祁连山脉以南，南至国界。

地形

地处青藏高原，地势高耸。

气候

高寒气候。

特色

平均海拔在4000米以上。

青藏铁路

牦牛

世界屋脊——青藏高原

青藏高原平均海拔在4000米以上，是世界上海拔最高的高原，被称为"世界屋脊"。在那里，天很高，云很淡，但氧气的浓度很低，初到这里的人会感到头痛、呼吸困难，这些是高原反应的症状。

不适的环境使得人们干起活来很费力，还好有牦牛帮忙。牦牛能帮助人们上山、渡河，其粪便还可以作为燃料。

美景总在绝险处，明镜般的纳木错、雄伟壮观的卡若拉冰川、青海湖鸟岛上数以万计的鸟儿和可可西里的多种珍稀野生动物组成了这里绝美的风景。当然，我们也可以乘火车沿着青藏铁路去西藏，参观雄伟的布达拉宫。

藏红花

酥油草

藏族大象拔河

雪豹

中国的自然遗产

截至2019年7月,
我国有14项世界自然遗产。

1. 四川九寨沟风景名胜区
2. 四川黄龙风景名胜区
3. 湖南武陵源风景名胜区
4. 四川大熊猫栖息地
5. 中国南方喀斯特
6. 江西三清山国家公园
7. 中国丹霞
8. 云南澄江化石遗址
9. 云南三江并流保护区
10. 新疆天山
11. 湖北神农架
12. 青海可可西里
13. 贵州梵净山
14. 中国黄(渤)海候鸟栖息地

云南石林

九寨沟风景名胜区

【四川省阿坝藏族羌族自治州九寨沟县】

这里有翠海、叠瀑、彩林、雪峰和浓浓的藏族风情。这里更是一处"藏宝地",珍藏着各种奇花异草,还有大熊猫、金丝猴、白唇鹿等珍稀动物。

川金丝猴

独叶草

武陵源风景名胜区

【湖南省张家界市】

武陵源风景名胜区以奇峰、怪石、幽谷、秀水、溶洞"五绝"而闻名于世。

四川大熊猫栖息地

【包括卧龙山、四姑娘山、夹金山脉,涵盖成都、阿坝、雅安、甘孜4个市州的12个县】

全世界最大最完整的大熊猫栖息地。

黄龙风景名胜区

【四川省阿坝藏族羌族自治州松潘县】

这里有岩溶地貌构成的"人间仙境",还有变化多彩的"人间瑶池"——它被阳光照射时会变得五彩斑斓,就像童话世界一样梦幻!

云南澄江化石遗址

【云南省玉溪市澄江市】

我国首个与化石相关的世界遗产。

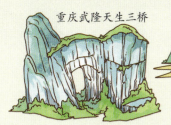
重庆武隆天生三桥

中国南方喀斯特

贵州荔波峰林

【第一期：云南石林、贵州荔波、重庆武隆】
【第二期：重庆金佛山、贵州施秉、广西桂林、广西环江】

风可以磨损岩石，水也可以。具有溶蚀力的水可以侵蚀可溶性岩石，这样形成的地貌就是喀斯特地貌，又称"岩溶地貌"。云南石林以剑状、柱状和塔状喀斯特为主；贵州荔波以锥状喀斯特为主，也就是峰林；重庆武隆则表现为天生三桥、地缝和天坑群。

湖南崀山

贵州赤水

三江并流保护区

【云南省青藏高原南部横断山脉的纵谷地区】

在这里，我们可以看到中国四分之一的动物种类，其中还有雪豹、孟加拉虎、黑颈鹤等20多种濒危动物。

中国丹霞

【包括江西鹰潭龙虎山、广东丹霞山、贵州赤水、福建泰宁、浙江江郎山、湖南崀山等】

丹霞地貌的形成要追溯到数千万年前，内陆盆地中的红色岩石经地壳运动变得倾斜扭曲，再由流水将它们切割、侵蚀，如今保留下来的部分就形成了红色的奇峰怪石。

三清山国家公园

【江西省上饶市】

这里有最独特的花岗岩石柱与山峰、多种多样的植被、震撼人心的气候奇观，远看与近看有着不同的景色。

湖北神农架

【湖北省西部边陲】

神农架因神农氏在此采尝百草、教民耕种而得名。

新疆天山

【包括新疆维吾尔自治区的昌吉回族自治州的博格达、巴音郭楞蒙古自治州的巴音布鲁克、阿克苏地区的托木尔、伊犁哈萨克自治州的喀拉峻—库尔德宁等区域】

在这里，我们能同时看到炎热与寒冷、干旱与湿润、荒凉与秀美。

青海可可西里

【青海省玉树藏族自治州】

这里保护着藏羚羊、野牦牛、藏野驴、藏原羚等珍稀野生动物和植物。

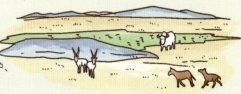

贵州梵净山

【贵州省铜仁市】

梵净山是黔金丝猴的唯一栖息地，梵净山冷杉的唯一分布地。

中国黄（渤）海候鸟栖息地（第一期）

【江苏省盐城市】

全球数以百万迁徙候鸟的停歇地、换羽地和越冬地。

四川大熊猫栖息地

我国的14项世界自然遗产各具风景，你是不是看得有些眼花了呢？那我们去大家最感兴趣的四川大熊猫栖息地看一看吧！

四川大熊猫栖息地的面积为9245平方千米，目前全世界30%以上的野生大熊猫都生活在这里。这是全球最大、最完整的大熊猫栖息地，也是最重要的圈养大熊猫繁殖地，也是小熊猫、雪豹及云豹等全球严重濒危动物的栖息地。此外，四川大熊猫栖息地还是世界上除热带雨林以外植物种类最丰富的地区之一，生长着5000到6000种植物。

松雀鹰

松雀鹰是一种小型猛禽。

xiāo
东方角鸮

东方角鸮在情绪激动或受到威胁时，会竖起它们的"耳羽"，看起来像是一对小角。

羚牛

箭竹林

吃得好饱，有点犯困……

大熊猫

红腹锦鸡

红腹锦鸡是中国特有的鸟种，雄鸟羽毛华丽，雌鸟则较为灰暗。

huán
朱鹮

朱鹮是一种古老的鸟类，其祖先可以追溯到约6000万年前。

胡兀鹫

胡兀鹫喜食腐肉，其钩状的鸟喙非常有力，能啄碎大块的骨头。

小熊猫

三尾褐凤蝶

中华虎凤蝶

悠久的历史

> 夏商与西周，东周分两半。
> 春秋和战国，一统秦两汉。
> 三分魏蜀吴，二晋前后延。
> 南北朝并立，隋唐五代传。
> 宋元明清后，皇朝至此完。

一首朝代歌概括了中国古代的王朝更迭史。从距今约170万年前起，中国境内有人类活动；到大约5000年前，黄帝统一各部落；再到大约4000年前，中国的第一个朝代——夏朝出现了。中国2000多年的王朝统治，尽展现在这历史的车轮上。

郑和下西洋（明朝）

汉高祖刘邦
（西汉）

魏武帝曹操
（三国）

秦始皇
（秦朝）

孔子
（春秋）

炎帝
（上古）

•东
（25—

•西汉
（公元前202—

•秦朝
（公元前221—公元前206

•战国
（公元前475—公元前221年）

•春秋
（公元前770—公元前476年）

•西周
（公元前1046—公元前771年）

•商
（公元前1600—
公元前1046年）

•夏
（约公元前2070—
公元前1600年）

上古
（约200万年前—
约公元前2070年）

前秦皇帝苻坚
（东晋十六国）

隋文帝杨坚
（隋朝）

南唐末代皇帝李煜
（五代十国）

唐太宗李世民
（唐朝）

欧阳修
（北宋）

李时珍
（明朝）

苏鲁锭
（元朝）

清圣祖爱新觉罗·玄烨
（清朝）

• 西晋
（265—317年）

• 东晋
（317—420年）

• 南朝
（420—589年）

• 十六国
（304—439年）

• 北朝
（386—589年）

• 隋
（581—618年）

三国
—280年）

• 唐
（618—907年）

• 十国
（891—979年）

• 五代
（907—960年）

• 辽
（907—1125年）

• 北宋
（960—1127年）

• 西夏
（1038—1227年）

• 金
（1115—1234年）

• 南宋
（1127—1279年）

• 元
（1271—1368年）

• 明
（1368—1644年）

• 清
（1636—1911年）

年战
西周）

周口店遗址

周口店遗址位于北京市西南约50千米的房山区周口店村旁的龙骨山上。这里资源丰富，气候宜人，是70万至20万年前的"北京人"、20万至10万年前的早期智人、约4.2万至3.85万年前的田园洞人、3万年前左右的山顶洞人生活的地方。

剑齿虎

燕山披毛犀

盘羊

羚羊

山顶洞人

生活在约3万年前，属于晚期智人。山顶洞人不仅掌握了熟练的狩猎、捕鱼技术，学会了如何用骨针缝制兽皮衣服和钻孔技术，还会用贝壳、兽牙等做成项链来装扮自己。

埋葬亲人的山顶洞人

山顶洞人已经开始有意识地埋葬死者，并在死者身上撒下红色的赤铁矿石粉末。这也是迄今所发现的我国最早的埋葬遗存。

遗址探秘

周口店遗址共发现不同时期的各类化石和文化遗物地点27处，出土200余件人类化石、10多万件石器及大量的用火遗迹及上百种动物化石等，成为举世闻名的人类化石宝库和古人类学、考古学、古生物学、地层学、年代学、环境学及岩溶学等多学科综合研究基地。

正在狩猎的"北京人"

历史概况

用贝壳和骨头做成的项链

骨针

北京人
生活在约70万—20万年前，属于直立人。

"北京人"头盖骨化石

石斧

"北京人"肢骨化石

"北京人"居住在洞穴中，依靠采集、狩猎和捕鱼为生。多人生活在一起，共同分享劳动成果。

"北京人"已经知道使用和保存火种的方法。"北京人"用火遗迹的发现，将人类使用火的历史提前了几十万年。

"北京人"使用的是天然火。他们在打雷时发现了火的存在，发现火烤过的食物更加美味，于是开始使用和管理火，并发现了火的另外一个用途——防御野兽。

41

半坡遗址

半坡遗址距今约6000年，位于黄河流域，属于使用磨制石器的新石器时代，而且是比较典型的母系氏族公社的村落遗址。

半坡人住在半地穴式房屋里。

半地穴式建筑

半坡先民早已经开始种植粟。粟俗称谷子，去壳后叫小米。因此，我国是最早种植粟的国家。

半坡先民早在数千年前就已经能烧制、使用陶器了。他们的生活用具大多是陶器，最具特色的是彩陶。

人面鱼纹彩陶盆

船形彩陶壶

种植粟

历史概况

河姆渡遗址

河姆渡遗址位于长江流域，距今约7000年，那里温暖湿润，雨水充沛。河姆渡人住在干栏式建筑里，家畜以猪、狗和水牛为主。

他们已经学会种植水稻。

河姆渡遗址出土了中国最早的织布机，人们已学会养蚕缫丝。

骨哨

骨哨是河姆渡时期的乐器，由鸟禽类肢骨制成。

骨制耒耜 lěi sì

骨制耒耜是河姆渡时期原始的翻地松土农具。

良渚文化

良渚文化遗址位于长江中下游地区，主要在太湖流域，距今约5300—4300年，属于新石器时代。

遗址中有古城、村落、墓地和祭坛等遗存。古城分为宫殿区、内城、外城的三重布局结构，古城外围还有大型的水利系统。

城墙

古城的城墙总长6000米，它有个特点，特别宽，最宽的地方达150米，人们可以把房子盖在城墙上。

水城门
王陵及贵族墓地
小莫角山
乌龟山
皇坟山
水城门

黄土墙体
5米
垫石

水道

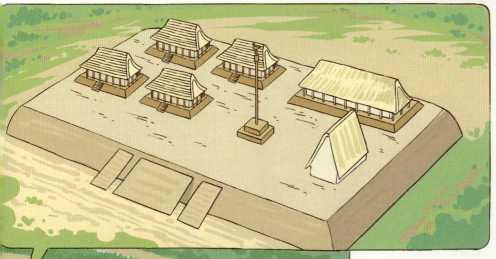

大莫角山

手工作坊区

殿区

宫殿区

古城的莫角山宫殿区是良渚古城的制高点，也是历代良渚王居住和办公的地方。

遗址还出土了石器、陶器、玉器、丝织品和麻织品等。其中尤为突出的是大批的玉器，精雕细琢，十分精美。

考古人员在古城内发现51条阡陌纵横的城市水道。

良渚玉钺

良渚玉琮

良渚玉璧

玉琮上的神人兽面纹

黑陶刻符罐

殷墟

殷墟遗址坐落在河南省安阳市西北郊的洹河两岸，现存宫殿宗庙区、王陵区和众多族邑聚落遗址、家族墓地群、甲骨窖穴、平民居址和手工业作坊等众多遗迹，出土了甲骨文、青铜器、玉器等大量珍贵文物。

青铜器

后母戊鼎

鼎原本是烹饪容器，后来变为祭祀用的礼器。后母戊大方鼎出土于王陵区东边，是商王祖庚或其弟祖甲为祭祀母亲戊而制作的。该鼎高133厘米，口长112厘米，宽79.2厘米，重832.84千克。后母戊鼎是我国目前出土的最大的青铜器。

宫殿宗庙区

商王处理政务和居住的场所，殷墟最重要的组成部分，包括宫殿、宗庙等建筑基址80余座。

盘庚迁殷

商朝早期，为争夺王位，王室纷争不断，加上黄河水患，都城时常被淹没，导致商朝前期经常迁都。到了第22代王盘庚的时候，为了缓和王室矛盾，避免黄河水患，将都城迁到了殷。商朝从此稳定下来，开创了灿烂的殷商文明。

甲骨文

焚　鼎

甲骨

商朝人迷信鬼神，王室贵族遇事必定占卜，然后将占卜结果刻在龟甲或兽骨上。这些文字就是甲骨文。

老乡，还有龙骨吗？我全买了。

发现甲骨文

1899年，清朝末期，时任国子监祭酒（相当于现在国立大学的校长）的王懿荣生病买药，在几块称为"龙骨"的药材上发现了一些奇怪的文字。"龙骨"其实就是龟甲和兽骨，是河南安阳小屯村的村民们耕地时从土里发掘出来的，被当作药材买卖。王懿荣经过多方考证，最终确定那些古文字就是商朝的文字，成为发现和收藏甲骨文的第一人。此后，王懿荣尽可能地购买和收集"龙骨"，继续研究甲骨文。

三星堆遗址

三星堆古遗址是古蜀国都城遗址，距今已有4500到2800年的历史，位于四川省广汉市西北的鸭子河南岸。这是迄今在西南地区发现的范围最大、延续时间最长、文化内涵最丰富的古文化遗址。

三星堆1号、2号"祭祀坑"出土了青铜面具、青铜立人像、青铜神树、金杖、玉璋、象牙等千余件珍贵文物。从出土的"三星堆人"上看，它们长得高鼻深目、颧骨突出、阔嘴大耳，有的还打了耳洞。

戴金面罩青铜人头像

当时的古蜀人视黄金为权力的象征，给铜人头像装饰金面罩表明了它象征着特别高贵、权威的身份。

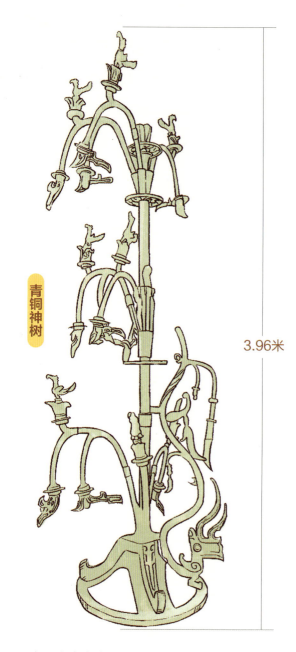

青铜神树

3.96米

我国迄今为止出土的青铜文物中形体最大的一件。

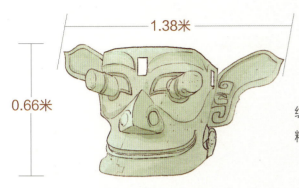

1.38米

0.66米

青铜纵目面具

这尊造型奇特的青铜面具像不像神话中的"千里眼""顺风耳"？它的眼球呈柱状向前纵凸伸出达16厘米；双耳向两侧充分展开，像精灵的耳朵一样。

0.54米

玉璋

礼器。

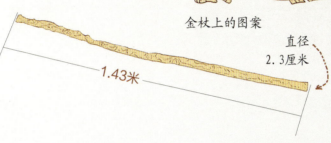

金杖上的图案

1.43米

直径
2.3厘米

金杖

金杖是用金条捶打成金皮后，再包卷在木杖上制成的；经历了漫长的岁月，里面的木杖已经腐烂，金皮内仅残留着炭化的木渣。

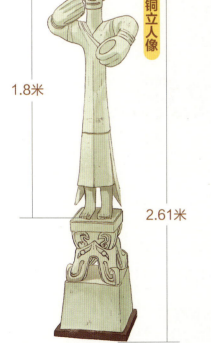

青铜立人像

1.8米

2.61米

看它的服装和身高，感觉这尊青铜立人像是其他铜人像的"领袖"呢！

身高
1.2米

陶三足炊器

人们一般认为这是古蜀人蒸煮食物的炊器，也有人猜测这是四川火锅的源头，因为它可以边煮边吃。三足下可以生火，里面中空，和口部相通，容水量很大，口旁的盘面也可以盛水、置物。

秦始皇陵

陕西省西安市的骊山北麓坐落着我国历代帝王陵墓中规模最大的一座陵园——秦始皇陵。秦始皇陵区内有许多陪葬坑，比如车马坑、兵马俑坑、石铠甲坑、珍禽异兽坑、百戏俑坑等。其中，兵马俑坑最为著名，被称为"世界第八大奇迹"。

一号铜车马

出土于铜车马坑。

陶马

箕踞姿俑

出土于水禽坑。

袖手俑

出土于文官俑坑。

兵马俑坑

在秦始皇帝陵的东面，有一、二、三号兵马俑坑。据推测，三个坑中共有陶人俑、陶马俑约8000件。每个兵俑的面部神态、服饰、发型各不相同，个个栩栩如生，形态逼真。上千名能工巧匠能够烧制出这些千人千面的兵马俑，着实令人惊叹。

我们平均身高1.8米。

我比它们都高，有1.9米。

军吏俑

立射俑

御手俑

跪射俑

将军俑

一号坑军阵图

元上都遗址

内蒙古自治区锡林郭勒盟正蓝旗有一片青青草场——金莲川草原，那里空气清新、土壤肥沃，到了金莲花盛开的季节，更如仙境一般。你知道吗？13世纪，这片土地上曾有一座城，它既是元朝统治者的避暑行宫，也是《马可·波罗游记》中曾提到过的"梦幻花园"——元上都。

历史概况

元上都

元上都是忽必烈在1256年修建的，可谓是元朝的发祥地。元朝统一后，采用"两都制"。"大都（今天的北京）"成为首都后，"上都"则成为陪都。到了夏天，皇帝和贵族、大臣等都会搬到上都处理政务。

元上都采用了宫城、皇城和外城"三重城"格局。宫城、皇城与汉、唐以来的经典都城样式差不多，外城用于蒙古贵族扎帐召开部落会议和游赏狩猎，保留了游牧民族的特色。

金戈铁马

那达慕大会

那达慕大会是蒙古族为庆祝丰收而举行的文体娱乐大会。

祭敖包

敖包指的是人工堆积起来的石堆。蒙古族的祭祀活动中，最隆重的是祭敖包。蒙古族崇拜天地，但天地神没有形象，所以就堆敖包作为象征，然后祭拜。

马克·波罗

马可·波罗曾写道："终抵一城，名曰上都，现在在位大汗所建也。内有一大理石宫殿，甚美，其房舍内皆涂金，绘种种鸟兽花木，工巧之极，技术之佳，见之足以娱乐人心目。"

长 城

在我国北方，东西横亘着一道超大规模的边防体系——万里长城，它有着两千多年的历史，是中国古代各政权为防御北方势力而建造的伟大综合工程体系，也是世界上最伟大的人工奇迹之一。

长城是呈纵深分布的立体防御体系，由墙体、关、堡、烽火台等构成。长城历代全长2万多千米，所以又叫"万里长城"，可以沿着地球表面连接起南极和北极。早在春秋战国时期，列国便在各自的边境线上筑起了长城。

历史概况

春秋战国长城

秦始皇统一六国后，以原先秦、赵、燕三国北方的长城为基础，修缮增筑，长城首次超过一万里。

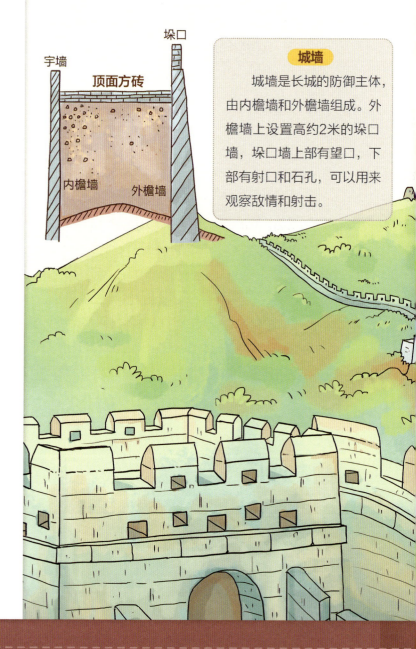

宇墙　垛口　顶面方砖　内檐墙　外檐墙

城墙

城墙是长城的防御主体，由内檐墙和外檐墙组成。外檐墙上设置高约2米的垛口墙，垛口墙上部有望口，下部有射口和石孔，可以用来观察敌情和射击。

孟姜女哭长城的传说

传说，孟姜女的丈夫范喜良在修长城的过程中累死。孟姜女寻夫寻至长城，得知丈夫的死讯后，哭倒了长城。

孟姜女

明长城

我们现在所见的长城多为明朝所建。明长城的总长为8851.8千米，其中人工墙体的长度为6259.6千米。

关隘

关隘是长城上的防御要点，不可以储备兵器、粮食和其他军用资，还能以较少的兵力抵御强大敌人。关隘一般设在两山之间的谷中、河流汇合或转折的地方及原上的必经之处等战略要冲。

烽火台

空心敌台

空心敌台为戚继光首创。

戚继光

戚继光是明朝将领，曾受到内阁首辅张居正的提拔，奉命到北方安定边疆。戚继光一上任，就向朝廷建议重修蓟镇长城，修整敌台，加固城墙，使长城的布局变得更加合理。

上古神话

盘古开天辟地

最初的宇宙混沌未开，生活在里面的巨人盘古用一把巨斧劈开了混沌。他用身体将天地分开，又化作了世间万物。

女娲造人

女娲在黄河边仿照自己的样子抟土造人，又拿起藤条蘸满泥浆，在空中挥舞，飞溅的点点泥浆落地为人。

羲和驭日

羲和生了10个太阳。清晨，她驾着龙车并拉着当天去值班的太阳在天空中巡游，为大地带来光明。到达虞渊后，她又带着太阳返回。

女娲补天

突然间，天崩地裂，天上出现个大窟窿；地上洪水暴发，猛兽肆虐。于是，女娲用天台山上的五色土，炼出五彩石补好了天，又砍下神龟的四足作擎天柱。最终，天地定位，四海安宁。

常羲浴月

常羲生了12个月亮，为它们洗澡。

伏羲画卦

相传，伏羲创制八卦，教会百姓捕鱼、驯养家畜，根据各家图腾组成新的神兽——龙。

神农尝百草

神农氏尝遍百草，找出了治病的草药，帮助人们解除病痛，延长寿命。

精卫填海

炎帝的小女儿"女娃"淹死在东海的风浪中，她化作一只小鸟，每天衔来石头、草木，投入东海，然后发出"精卫、精卫"的叫声，发誓要把东海填平。

夸父追日

夸父发下宏愿，想要追赶太阳。他迈开长腿，跨过一座座高山，只为追赶太阳。途中，夸父口渴难耐，在寻找水源的过程中渴死了。他的手杖化成了桃林。

愚公移山

年近九十岁的愚公带领着儿子、孙子立志要搬开挡在自家门口的太行、王屋两座大山。此举感动天帝，天帝命大力神移走了那两座山。

后羿射日

一次，十个太阳一起跑出来，把大地烤焦了。神箭手后羿射下九个太阳，只留一个在天上，让人间恢复了正常。

嫦娥奔月

后羿的妻子嫦娥吃下了长生不老药，成为神女，飞到了月宫。

宗教神话

玉皇大帝

道教神话传说中的天地主宰。

元始天尊

灵宝天尊

道德天尊

三清

传说，在世界没有诞生的时候，一股有灵性的气团聚在一起，变成了一道光，先后化成三位神仙：元始天尊、灵宝天尊、道德天尊（即太上老君）。这就是著名的"一气化三清"。

东王公和西王母

相传在远古时，昆仑山下的石台上有一只大鸟，左边的翅膀下住着东王公，右边的翅膀下住着西王母。西王母每年要走一万九千里到大鸟的背上与东王公相会。

千里眼和顺风耳

天庭的守卫神仙，专门负责察看远方的情况。

电母

司掌闪电之神。

雷公

司雷之神。

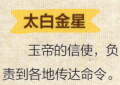

太白金星

玉帝的信使，负责到各地传达命令。

月老

主管婚姻的红喜神、媒神。

道教诸神

八仙过海

相传，白云仙长在蓬莱仙岛牡丹盛开之际，邀请八仙前来观赏。回程时，铁拐李建议不坐船，各自想办法渡海，这就是谚语"八仙过海，各显神通"的由来。

释迦牟尼

相传，释迦牟尼是古印度的一位王子，在菩提树下苦思冥想了七天七夜，终于大彻大悟，修成了佛。后来，佛教传入中国，人们把释迦牟尼尊称为"如来佛祖"。

四海龙王

四海龙王是东海龙王、南海龙王、西海龙王和北海龙王的总称。

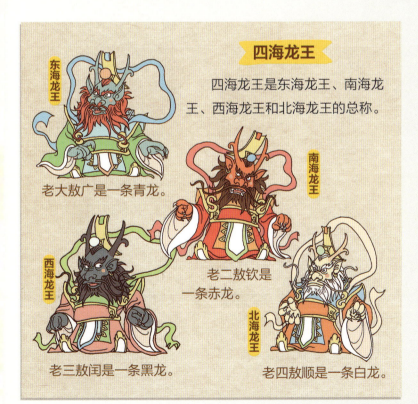

东海龙王

老大敖广是一条青龙。

南海龙王

老二敖钦是一条赤龙。

西海龙王

老三敖闰是一条黑龙。

北海龙王

老四敖顺是一条白龙。

四大菩萨

菩萨为古印度语，意思是大士，即发大心愿的人。佛教四大菩萨指的是文殊菩萨、观音菩萨、普贤菩萨和地藏菩萨。

罗汉

在佛教中指能消除一切烦恼，不受轮回之苦，引导众生弃恶从善，受到天人供养的修行者。

民间传说

中国民间的吉祥神包括福、禄、寿、喜、财五位神仙，体现了劳动人民对美好幸福生活的向往。

福神

禄神

掌管文昌府和人间的功名利禄，又叫"梓潼神""文昌帝君"。

寿星

又称"南极仙翁"，是古代神话中的长寿之神。

喜神

财神　主管财富之神。

赵公明

比干　文财神　范蠡

钟馗　武财神

关公

吉祥神

土地神

又叫"土地公""土地爷""福德正神"，住在地下，是所有神仙中级别最低的。

灶神

又叫"灶君""灶王爷"，不仅是厨房之神，还负责检查人间善恶，传递民意。唐宋以后，民间形成了腊月二十三或腊月二十四祭灶的习俗。

秦琼　门神　尉迟恭

汉朝时的门神是神荼和郁垒两兄弟。到了唐朝，民间贴的门神形象逐步变成了秦琼和尉迟恭。宋朝之后，门神的形象变得多元化。

《白蛇传》

白素贞是一条修行千年的白蛇，与许仙情投意合，结为夫妻，却被法海拆散，被压在雷锋塔下。

牛郎织女

负责编织云彩的女仙织女与凡间的牛郎相爱，但这种爱情违反了天条，二人被分隔到银河的两端，只有每年的农历七月初七才能乘着喜鹊搭建的鹊桥相会。

七仙女和董永

七位仙女中最小的七妹与凡间的董永结为夫妻，没想到玉帝突然降旨让七仙女按时返回天宫，一段美好的姻缘就这样被拆散了。

沉香劈山救母

三圣母因私自嫁给凡人触犯了天条，被镇压在华山的莲花峰下。她的儿子沉香长大后，学成了一身本领，用神斧劈开了华山，成功救出了母亲。

十二生肖

传说，百姓觉得天干地支纪年法太难，纷纷建议黄帝用十二种动物纪年。于是，黄帝让动物们正月初一清早到宫殿门口集合，谁来得早就选谁做一年的代表动物，只选前十二名。牛第一个到达，接着是虎，后面一次是兔、龙、蛇、马、羊、猴、鸡、狗、猪。老鼠虽然来晚了，但蹿到牛背上，占据了首位。

从第一名的老鼠开始，到第十二名的猪结束，你们十二位依次成为今后每一年的代表动物！

龙生九子

传说龙生了九个儿子，九子都不成龙，每个儿子长得都不一样。因此成语"龙生九子"用来比喻同胞兄弟志趣各有差别，并不一样。

囚牛

爱好音乐，常蹲在琴头上。

睚眦

性格刚烈，爱记仇，总是嘴衔宝剑。

蒲牢

爱大声吼叫，所以充作洪钟提梁的兽纽。

狴犴

长得像老虎，能明辨是非，总蹲在狱门上做铺首。

负屃

身似龙，盘绕在刻有碑文的石碑顶上。

嘲风

喜欢登高远望，一般出现在宫殿的脊梁上。

狻猊

长得像狮子，爱待在香炉上吞云吐雾。

霸下

长得像乌龟，喜欢负重，所以总驮着石碑。

螭吻

喜欢东张西望、吞火，所以在屋脊檐角做吞脊兽。

63

中国古代神话著作

夸父追日

赢鱼

《山海经》（战国－西汉）

《山海经》是一部记载中国古代神话、地理、植物、动物等方面的百科全书。

《神异经》（西汉）

相传，《神异经》是汉朝东方朔编的中国古代神话志怪小说集。

《博物志》（西晋）

《博物志》是西晋张华编撰的记载古代奇物、奇事的神话志怪小说集。

《神仙传》（东晋）

《神仙传》是东晋葛洪写的一部古代中国志怪小说集。

《幽明录》（南朝宋）

《幽明录》是南朝宋宗室刘义庆集门客编写的志怪小说集。

《述异记》（南朝齐）

《述异记》是南朝祖冲之写的鬼异小说集。

《太平广记》（北宋）

《太平广记》是北宋人编写的小说总集，收录了大量的神怪故事。

干将莫邪

《搜神记》（东晋）

《搜神记》是东晋史学家干宝所写的记录古代民间传说中神灵怪异故事的小说集。

《搜神后记》（东晋及南朝宋）

传说，《搜神后记》是东晋陶渊明编的一本志怪小说集。

《西游记》（明）

西天取经

《西游记》是明朝小说家吴承恩写的中国古代第一部浪漫主义章回体长篇神魔小说，主要描写了唐僧师徒四人西行取经的故事。

《聊斋志异》（清）

《婴宁》

《聊斋志异》又叫《鬼狐传》，是清朝文学家蒲松龄写的短篇志怪小说集，用鬼怪狐妖的故事批判了现实社会。

《子不语》（清）

《子不语》是清朝中期文学家袁枚编写的一部记录奇闻异事、奇人鬼怪的笔记小品。

姬昌食子

《封神演义》（明）

《封神演义》又叫《封神榜》，是明朝许仲琳（有争议）写的神魔小说。《封神演义》主要以姜子牙助周伐纣的历史为背景，讲述了元始天尊代表的"阐教"和通天教主代表的"截教"斗智斗勇的故事。

哪吒闹海

古代帝王

先秦君王

炎黄二帝

炎帝和黄帝是上古时期居住在黄河流域的部落首领。黄帝打败蚩尤后，成为中原部落联盟首领。炎帝和黄帝两大部落渐渐融合在一起，形成了华夏族。

尧舜禅让

黄帝之后又出现了四位有名的部落联盟首领。其中尧的名气比较大，他年老时，将权力让给了德才出众的舜。这种让位，历史上称作"禅让制"。

我要把首领之位让给德才兼备的舜。

禹三过家门而不入

舜年老后把大权让给了禹。禹治水、划分九州、造九鼎、规定部落首领要按时来朝见，功勋卓著。禹从部落联盟首领慢慢变成一位君主。禹的儿子启在继承王位后，开创了世袭制，建立夏朝。

盘庚迁殷

商朝早期，王族内部纷争不断，黄河经常闹水灾，都城时常被淹没，因此经常迁移。直到盘庚把都城搬迁到殷后，商朝才稳定下来，所以商朝又称殷商。

武王灭商

武王姬发起兵伐纣，建立周朝，创立分封制。

齐桓公争霸

齐桓公姓姜，名小白，春秋时期齐国国君，春秋五霸之首，也是历史上第一位充当盟主的诸侯。

开国皇帝

秦始皇

我德兼三皇、功盖五帝，所以你们要称我为皇帝！

千古一帝秦始皇

战国后期，秦国成为最强大的诸侯国，秦王嬴政即位后，风卷残云般席卷东方六国，完成天下统一，建立了秦朝。嬴政也成为历史上第一位皇帝，即秦始皇。

黄袍加身宋太祖

宋太祖

赵匡胤本为后周大将，在陈桥驿时，部将把皇上穿的黄袍披在了他身上，发动"陈桥兵变"，建立宋朝。之后，赵匡胤以杯酒释兵权的方式解除大将对军队的控制，加强中央集权。

平民皇帝汉高祖

汉高祖

得民心者得天下！

刘邦起兵于家乡沛县，最先攻入咸阳。之后经过4年的楚汉之争，善于用人的刘邦，在萧何、韩信、张良等人的辅佐下，打败了项羽，统一了天下。

明太祖

乞丐皇帝明太祖

元朝末年，天下大乱，做过乞丐、当过和尚的朱元璋，参加了红巾军后，一点点做大，最后在南京称帝，建立明朝。

历史概况

盛世帝王

汉武帝

雄才大略汉武帝

汉武帝刘彻在位期间，收复南越，降服西南夷，远征大宛，威震西域，为大汉王朝开疆拓土，使西汉成为当时的亚洲第一霸主、世界第一大帝国。

一代女皇武则天

武则天是中国历史上唯一的一位女皇帝。武则天在位时，重视选拔人才，举行殿试，开创武举，收复安西四镇，一度使后突厥归降。

武则天

开创贞观之治的唐太宗

唐太宗李世民继位后，知人善任，善于纳谏，任用房玄龄、杜如晦和魏徵等人，精心治国，还很注意与少数民族的关系，将文成公主远嫁吐蕃，使唐朝走向兴盛。这一时期叫作"贞观之治"。

唐太宗

守国门的明成祖

燕王朱棣抢了侄子的皇位，自己做了皇帝，成为明成祖。明成祖在位期间，命郑和下西洋，为航海事业作出贡献。为抵御北方的蒙古，明成祖把都城从南京迁到北京。此外，明成祖还建立了内阁制，挑选精明能干的官员进入内阁，帮助自己处理朝政和国家大事。

明成祖

政治大家清圣祖

清朝的第4位皇帝清圣祖玄烨，即康熙帝，是个很能干的皇帝，8岁登基，14岁亲政，16岁挫败了独霸朝政的满洲第一勇士鳌拜，之后平定三藩之乱、抗击沙俄、平定噶尔丹。

清圣祖

烽火戏诸侯的周幽王

周幽王姬宫湼为了博爱妃一笑，竟然多次点燃传递军情的烽火台，戏弄各路诸侯来救。这导致诸侯不再相信烽火，等到真的有敌来犯时也不再来救他。

嘿嘿，美人笑了！

周幽王

您又骗人？我们下次可不来了！

宋徽宗

不爱江山爱丹青的宋徽宗

宋徽宗赵佶对治国没兴趣，却偏爱写字画画，还创造了瘦金体，但最后被金兵俘虏。

变本加厉秦二世

胡亥在赵高与李斯的帮助下假造诏书，杀死兄弟姐妹20多人，并逼死公子扶苏，从而当上秦朝的第2位皇帝。秦二世即位后，施行严苛的刑法，实行更残暴的统治。

胡亥

溥仪

末代皇帝溥仪

清朝最后一位皇帝。

重臣名相

伊尹摄政

我本来是个陪嫁奴隶，负责给成汤做饭，没想到能得到成汤的赏识和重用。

主人公 伊尹（伊挚）

职位 "尹"是官职。伊尹是中国历史上第一位贤相。

工作经历 伊尹辅佐成汤讨伐夏桀，建立商朝，并为商朝理政60多年。成汤的孙子太甲继位后，不遵守成汤制定的方阵，被伊尹放逐反省，自行代理国政3年。直到太甲改过自新，伊尹才把他接回来，交还大权，用心辅佐。

太甲　伊尹

周公辅政

主人公 姬旦

身份 周文王的第四子、周武王的弟弟。

职位 封地在周，爵为上公，所以叫周公。

工作经历 辅佐周武王灭商，辅佐周成王治国。

江山就交给你了！

周成王

齐相管仲

鲍叔牙　管仲

主人公　管仲

姓名　管夷吾，字仲。

职位　齐国国相，后世尊称"春秋第一相"。

工作经历　最开始辅佐公子纠，还一箭射中过齐桓公的带钩。在鲍叔牙的极力推荐下，齐桓公不计前嫌，拜管仲为相。管仲因地制宜，发展渔业，振兴经济，进行了一系列改革，使齐国迅速强大了起来。

商鞅变法

主人公　商鞅

身份　原姓公孙，为卫国公族，又称卫鞅，后封于商，称商鞅。

职位　秦国左庶长。

工作经历　贯彻变法，在秦执政19年。

徙木立信

秦相李斯

主人公 李斯

职位 秦朝丞相。

工作经历 辅佐秦王嬴政统一天下；废除分封制，推行郡县制；统一文字、度量衡。

统一文字（以"马"字为例）

统一前	秦	齐	楚	燕	韩	赵	魏

⬇

统一后

萧规曹随

跟着萧何走，准错不了！

曹参

萧何

主人公 萧何、曹参

职位 西汉丞相。

工作经历 西汉初，萧何为相。萧何在自己病逝前，推荐曹参为相。曹参当了丞相后，主张清静无为、不扰民，施政办事一概遵循萧何创立的规章制度，任用厚重稳健的有德者，使西汉政治稳定、百姓安居乐业。

诸葛亮治蜀

主人公 诸葛亮

字号 字孔明，人称"卧龙"。

职位 蜀汉丞相。

工作经历 辅佐刘备，联合孙权在赤壁大败曹操，夺取荆、益二州，建立蜀汉政权；辅佐刘禅，积极发展农业生产，改善与少数民族的关系，鞠躬尽瘁，死而后已。

三顾茅庐

东晋名相谢安

主人公 谢安

字号 字安石，号东山，出身世家大族陈郡谢氏。

职位 东晋太保。

工作经历 聪敏，爱读书，不爱做官，40多岁时才步入仕途。谢安最大的功绩便是在淝水之战中担任总指挥，以8万人战胜苻坚的百万大军。

淝水之战

房谋杜断

我点子多。

我能判断出你想的哪些点子是好主意。

房玄龄

杜如晦

主人公 房玄龄、杜如晦

职位 初唐宰相。

工作经历 房玄龄善于计谋，杜如晦善于决断，二人同心协力，配合默契，谋划和掌管国家大事，这才有了"贞观之治"大好局面的出现。

魏徵善谏

主人公 魏徵

职位 唐朝宰相。

工作经历 魏徵善谏，经常直言提意见惹恼皇帝，一生中向唐太宗进谏200多件事，大到大政方针，小到皇帝的生活私事，匡正了唐太宗的许多失误。

陛下，臣还有几条意见要说……

魏徵

唐太宗

耶律楚材

主人公 耶律楚材

字号 字晋卿，出身契丹贵族。

职位 蒙古成吉思汗、窝阔台在位时的中书令。

工作经历 随成吉思汗数次出征，进谏治国安民之道，各级官员不要滥杀无辜。窝阔台继位后，耶律楚材主张以儒治国，仿照中原王朝制度制定了很多政策。

张居正改革

主人公 张居正

字号 字叔大，号太岳。

职位 明朝万历年间的内阁首辅。

工作经历 整顿吏治，合并赋税，任用戚继光镇守蓟门，在长城上加修敌台，在边疆实行互市政策。

曾国藩

主人公 曾国藩

名号 初名子城，字伯涵，号涤生。

职位 两江总督、直隶总督、武英殿大学士。

工作经历 在家乡湖南建立湘军，镇压了太平天国起义。主张学习西方的先进技术。

古代名将

春秋

兵家鼻祖——孙武

孙武是春秋末期军事家，曾向吴王进献兵法，受到重用为将。他曾率吴军打败楚国，占领楚国国都，使强大的楚国几乎灭亡。

战国

尚能饭否的老将——廉颇

廉颇是战国末期赵国名将，因勇猛果敢而闻名于诸侯，曾大破齐国，屡挫燕国，被任为相国。

与廉颇有关的成语有"负荆请罪""廉颇老矣"。

用火牛阵大破燕军的复国功臣——田单

公元前284年，六国伐齐，燕军攻破齐都，短短半年，齐国仅剩莒城和即墨两座孤城。

在此危亡之际，本是齐都管理市场的小官田单挺身而出，率领族人坚守即墨，发明了火牛阵，大败燕军，一鼓作气，收复了70余城，挽救了齐国，田单因功被升任相国。

火牛阵

坑杀四十万赵军的白起

白起与廉颇、李牧、王翦并称为战国四大名将。白起平生参与大小70余战，从无败绩。

仅长平一战，白起就歼灭赵军45万人，开创了中国历史上最早、规模最大的包围歼灭战。

败匈奴、破东胡的李牧

李牧是赵国名将，曾驻守边关，抗击匈奴，令匈奴10多年不敢接近赵城。

公元前232年，秦军攻赵，赵王急命李牧率边防主力南下抗秦，李牧在肥地大败秦军。

西汉

带兵多多益善的韩信

韩信是西汉开国功臣，西汉大半江山是他打下来的，号称"兵仙"。

当初，韩信曾被迫钻裤裆，留下"胯下之辱"的典故。

后来，韩信得到了刘邦的重用，充分发挥了军事天才，一生争战无数，从无败绩。"背水一战"就是韩信的经典之战。

西汉

千里奔袭匈奴的名将——霍去病

霍去病是西汉名将，官至大司马骠骑将军，善骑射，勇猛果断，擅长长途奔袭。

18岁时，霍去病初次出征，即率800骁骑深入敌境数百里，斩获2028名敌人。

22岁时，霍去病曾率军奔袭2000多里，彻底扫平了漠南的匈奴。

24岁时，霍去病因病去世。

南北朝

北齐的最后支柱——高长恭

兰陵王高长恭是南北朝时期的北齐名将，容貌俊美，堪称古代最帅气的名将。

据说，兰陵王觉得自己的面相太过柔美，不能威慑敌人，便在打仗时故意戴上狰狞的面具。

守城名将韦孝宽

南北朝时期的西魏名将，擅长守城。他曾率兵数千在玉璧抵抗东魏的10万大军，无论东魏用什么方法攻城，韦孝宽都能化解。最后，东魏攻了50多天，死伤了7万多人，也没打下小小玉璧。

三箭定天山的薛仁贵

薛仁贵是唐朝名将，武艺高强，智勇双全，令敌人闻风丧胆。

唐高宗时，天山铁勒部作乱，薛仁贵阵前连发三箭，射中三人，趁势打败了铁勒。

几十年后，突厥人以为薛仁贵去世，进犯云州。年近70岁的薛仁贵奉命征讨，突厥人知晓此事后自行撤退，被追击而来的唐军打得丢盔弃甲。

南宋

精忠报国的岳飞

岳飞是南宋抗金名将，他治下的岳家军以治军严厉闻名。岳家军战斗力强，皆可以一当百，把金兵打得到处躲，甚至能让敌人发出"撼山易，撼岳家军难"的感慨。

明朝

最会摆阵的名将——戚继光

戚继光是明朝将领，创造了"鸳鸯阵法""三才阵法"。士兵通过几种阵法的战术训练，常能在战斗中取胜。

79

古代公主

"公主"名称的由来

我们知道，公主是皇帝的女儿，但为什么皇帝的女儿被称为"公主"呢？这源于春秋战国时期。

最早，周天子的女儿被称为"王姬"。周天子把女儿嫁给诸侯时，自己不能主持婚礼，得找诸侯中同姓的王公主婚。那时，诸侯都称为"公"，"主"是主婚的意思，公主一词由此而来。

从汉朝开始，只有皇帝的女儿才能称为"公主"，诸侯王的女儿叫"翁主"。隋唐时期，太子的女儿叫郡主，亲王的女儿叫县主。到了明清时期，亲王的女儿叫郡主，郡王的女儿为县主。

驸马的别名——粉侯

众所周知，公主的夫婿、皇帝的女婿叫驸马，但少为人知的是驸马还有个奇怪的别名，叫粉侯，这个名称是怎么来的呢？

三国时期的魏国有一位名士，叫何晏。何晏面若冠玉，皮肤细腻洁白，魏明帝曹叡曾怀疑他搽了粉。之后，有了"傅粉何郎"的典故。何晏娶了曹操的女儿——金乡公主，赐爵为列侯，所以人们也称他为粉侯。后来，粉侯成为驸马的别称。

鲁元公主

我是汉高祖刘邦与皇后吕雉唯一的女儿。

有史料记载的第一位公主

馆陶公主

把阿娇嫁给你做媳妇好不好？

若得阿娇作媳妇，我当以金屋贮之。

陈阿娇

刘彻

传说中促成"金屋藏娇"的公主

馆陶公主名叫刘嫖，是汉文帝的嫡女，因为封地在馆陶，所以叫馆陶公主。刘嫖下嫁堂邑侯陈午，婚后所生的女儿便是汉武帝刘彻的第一任皇后——陈阿娇。

乌孙公主

历史上第一位和亲公主

汉武帝刘彻为联合西域抗击匈奴，派使者出使乌孙国。乌孙王愿与大汉通婚。汉武帝封刘细君为公主，远嫁乌孙，还让人给她做了一件乐器，以慰思念之情。这件乐器就是阮。

> 我叫刘细君，父亲是江都王刘建，他是汉武帝刘彻的侄子。

太平公主

> 我是唐高宗李治和女皇武则天的女儿。

女皇的女儿

寿阳公主

因梅花妆留名的公主

寿阳公主是南朝宋武帝的女儿。一天，寿阳公主在含章殿前休息，一朵梅花落在了公主的额头上，拂拭不去。宫人们觉得美丽非凡，争相效仿，梅花妆由此而来。

文成公主

第一位远嫁西藏的公主

唐太宗李世民很注意和少数民族的关系，将文成公主远嫁给吐蕃赞普（君主）松赞干布。

长平公主

断臂的亡国公主

李自成攻入北京时，明朝最后一位皇帝崇祯帝宁使皇族以身殉国，也不可被贼寇俘虏，挥剑砍下了长平公主朱微婳的左臂。幸运的是，长平公主只是昏迷了，于五日后复苏。

刺客侠士

你印象中的刺客是什么样子的呢？穿身黑衣服，戴个黑面罩，拿着刀剑？其实没有你想得那么简单。

刺客是古代历史上的一种特殊职业，由于政治、私怨等对目标进行刺杀。我国历史上出现过很多讲侠义、低调悲怆的刺客与侠士，正如李白在《侠客行》中所写："十步杀一人，千里不留行。事了拂衣去，深藏身与名。"

要离

采用苦肉计的悲情刺客

要离被吴王阖闾雇来刺杀逃走的吴王僚之子——庆忌。要离为取得庆忌信任自断右臂，还曾设计杀害自己的妻子和儿女。在刺杀成功后，要离选择了自刎。

专诸

改变吴国命运的"鱼肠剑"

专诸被公子光（即后来的吴王阖闾）雇来刺杀吴王僚。专诸把匕首藏在鱼腹中，假装为吴王僚献菜，实则为刺杀吴王僚。吴王僚当场被刺死，鱼肠剑之名也由此而来。

聂政

气节难寻的任侠刺客

韩国贵族严仲子找屠夫聂政刺杀宰相侠累。刺杀成功后，聂政为了不连累姐姐，挖出自己的眼珠，划烂自己的脸，然后自杀。

豫让

把你的衣服脱下来，让我刺穿，这样即使我死了，也不会留下遗憾。

士为知己者死

韩、魏、赵三家瓜分智氏封邑，智伯被赵襄子所杀。豫让为报答智伯的知遇之恩，决定为他报仇，刺杀赵襄子。其间，豫让不惜毁容、口吞炭火来改变自己的容貌、声音，未能成功刺杀赵襄子，最后自杀而亡。

荆轲

风萧萧兮易水寒

战国末期，秦国开始吞并东方六国，燕太子丹孤注一掷，命刺客荆轲刺杀秦王，结果功败垂成。

刺杀忠臣是不义之事。我没有完成使命，会失去信义，还怎么立足在天地间！

鉏麑

心中有正义的失职刺客

鉏麑被暴虐无道的晋灵公找来刺杀屡屡劝谏的赵盾。天亮前刺杀时，鉏麑发现赵盾是兢兢业业的忠臣，于是放弃刺杀，撞树而死。

历史大事

周厉王贪婪专横，还不准国人有怨言，谁敢有怨言就会被抓起来杀掉。国人忍无可忍，围攻王宫，赶跑了周厉王。

国人暴动

公元前841年

约公元前2070年

约公元前1600年

公元前1046年

夏朝建立

商汤灭夏，商朝建立

西周开始

大禹死后，按照禅让制，应该由伯益继位，但大家拥立大禹的儿子启做了首领。就这样，第一个王朝——夏朝建立了。

| 公元前770年 | 公元前403年 | 公元前379年 | 公元前221年 |

东周开始

周幽王烽火戏诸侯后，西戎打来，城破人亡。周平王继位后，他为了躲避西戎的骚扰，把都城从镐京东迁到洛邑，东周开始。

周平王

三家分晋

春秋末期，晋国的实权落在赵、魏、韩三家大夫手中。之后，三家瓜分了晋国的土地，做了诸侯，与齐、秦、燕、楚成为战国最强大的七个国家，被称为"战国七雄"。

田氏代齐

齐国的田氏家族掌握了齐国大权，并且取代了姜氏齐国国君，从此齐国也称为"田齐"。

统一六国

秦王嬴政先后灭掉六国，统一了天下，建立秦朝，结束了自春秋以来500多年的诸侯割据局面，并且废除了分封制，实行郡县制，地方官员直接归中央管理。秦朝成为中国历史上第一个中央集权制的国家。

秦始皇

历史概况

陈胜、吴广等人被派去戍边，途遇大雨误期，按律当斩。陈胜、吴广杀死军官，率众起义，起义最终被秦军镇压。

公元前202年

西汉建立

文景之治

公元前213—前212年

公元前209年

公元前206—前202年

汉文帝和他的儿子景帝在位期间，减轻百姓税赋，恢复生产，使得国家政治稳定，百姓富足。史称该段时间为"文景之治

焚书坑儒

大泽乡起义

楚汉之争

为了维护自己的集权统治，秦始皇下令全国将春秋战国时期的许多思想家的书籍全部烧毁。另外，他还将议论朝政的460多个方士、儒生坑杀。这两件事被合称为"焚书坑儒"。

巨鹿人张角头裹黄巾，率领贫苦农民起义，各地揭竿而起。朝廷急令各州郡自行招募士卒，方将起义平定下去。

220—265年

三国鼎立

25年

166—184年

184年

东汉建立

绿林军出身的刘秀称帝，定都洛阳，史称"东汉"。

党锢之祸

宦官独断专权，排除异己，以"党人（结党争权）"的罪名，打击迫害了很多清正的官员，东汉王朝走向了无人可用的局面。

黄巾起义

苍天已死 黄天当立

历史概况

北周丞相杨坚夺取了小外孙周静帝（宇文阐）的皇位，定都大兴城（成安），建立隋朝。杨坚即隋文帝。

| 265年 | 317年 | 439年 | 581年 |

西晋建立

晋王司马炎取代曹魏，自己做了皇帝，建立西晋。

东晋建立

西晋灭亡后，皇室后裔司马睿在南方的建康称帝，建立晋朝，史称"东晋"。

北魏统一北方

北魏（北方鲜卑族政权）的太武帝（拓跋焘）统一北方，形成与南朝政权对峙的局面。

隋朝建立

618年

唐朝建立

李渊在长安称帝，建立唐朝，是为唐高宗。

在唐朝建立的过程中，李渊的两个儿子——太子李建成和秦王李世民功劳最大，他们兄弟二人为了争夺皇位明争暗斗。李建成想除掉李世民，结果李世民提前下手，发动了玄武门之变，杀掉了李建成，后被立为皇太子。

唐玄宗晚年变得昏庸，任用奸臣，朝政混乱，节度使安禄山和史思明发动叛乱，叛军攻破了都城长安。

唐朝腐败，导致了农民起义的爆发，本是盐商的黄巢率领的起义军给了本来就摇摇欲坠的唐朝致命一击。

626年

713—741年

755—763年

开元盛世

安史之乱

878—884年

唐玄宗李隆基登基后，励精图治，唐朝又开始繁荣起来，进入了全盛时期，史称"开元盛世"。

玄武门之变

黄巢起义

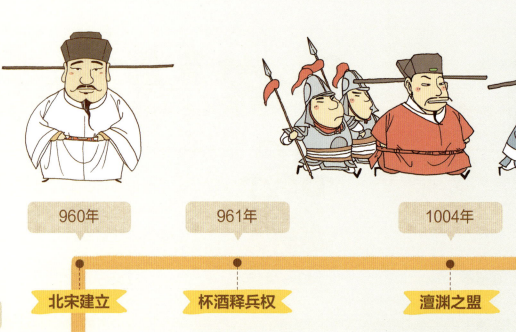

960年

961年

1004年

907年

北宋建立

杯酒释兵权

赵匡胤做了皇帝后，以"杯酒释兵权"的方式解除了大将对军队的控制，加强了中央集权。

澶渊之盟

辽军发兵南下，进入宋境。宋真宗在宰相寇准的力主下，御驾亲征，大败辽军。宋真宗想和谈，派人与辽在澶州议和，约定每年给辽10万两白银、20万匹绢。此次盟约史称"澶渊之盟"。

五代十国时期开始

1368年

1271年   明朝建立

1069年   1127年   1206年   忽必烈改国号为大元

王安石变法   **靖康之耻**   **成吉思汗建立蒙古政权**

宋神宗很有抱负，任用王安石进行变法，但由于皇太后等保守势力过于强大，王安石变法以失败告终。

金朝见北宋腐败无能，派大军打了过来，一直打到京城，大肆抢掠一番，还将宋徽宗、宋钦宗掳去当了俘虏。这件事发生在宋钦宗靖康年间，故称靖康之耻。

历史概况

1449年

土木之变

明英宗时，北方的瓦剌强大起来。明英宗亲自率领50余万大军攻打瓦剌。结果明军在土木堡全军覆没，明英宗也成了俘虏。

1629年

李自成起义

明朝末年，朝廷动荡，农民起义开始大规模爆发，尤其是李自成率领的农民军声势浩大。1644年，李自成攻入北京，推翻了明朝的统治，明朝最后的皇帝——明思宗朱由检自缢。

山海关

1644年

清军入关

清军联合驻守山海关的名将吴三桂打败了李自成，趁机进关，占据了北京。

1644年

剃发易服

清军入关后，强迫汉人按照他们的习惯，剃发留辫，改穿满族服饰，这激起了汉人的强烈反抗。

清朝与英国开战，可清军根本无力抵抗英国的洋枪利炮，一败涂地，被迫求和，割地赔款。这场战争是由鸦片引起的，所以被称为"鸦片战争"。

孙中山领导辛亥革命彻底瓦解了清朝的统治。第2年，清朝最后一位皇帝溥仪宣布退位。从此，2000多年的封建帝制结束了。

1840—1842年

1851—1864年

1898年

鸦片战争

太平天国

戊戌变法

1911年

辛亥革命

洪秀全领导农民起义，建立"太平天国"。起义军一度占领了大半个中国，最后被清军镇压。

为了强国，光绪帝亲政后任用康有为、梁启超等人实行变法。由于慈禧太后和保守派的反对，变法失败，仅仅维持了103天。

谋略大战

在商纣王举兵远征东南夷之际，周武王率5万人马，联合多个部族，起兵伐纣。商纣王闻讯，临时组织了70万大军到牧野迎战，其中大半是奴隶，他们不愿为商纣王而战，很多临阵倒戈，商军大败。

曹刿率鲁军一鼓作气，以少胜多战胜齐国，使齐桓公明白，若想称霸，先使国家强盛起来。

春秋

公元前684年

长勺之战

上古

约公元前2600年

西周

公元前1046年

涿鹿之战

黄帝联合其他部落，在涿鹿的原野上和蚩尤展开了一场大战。蚩尤大败。从此，黄帝成了中原各部落首领。这是最早的关于战争的记载。

牧野之战

| 公元前632年 | 公元前627年 | 公元前506年 | 战国 | 公元前341年 |

pú
城濮之战

xiáo
崤之战

柏举之战

马陵之战

晋、楚两国在卫国城濮地区进行的争夺中原霸权的首次大战。晋国打败了强大的楚国，从此奠定了晋文公的霸主地位。

秦晋争霸。秦国欲偷袭郑国，被郑国商人弦高发现。秦军在返回崤山之时，被埋伏在那里的晋军伏击。

吴王阖闾率领军队深入楚国，在柏举（今湖北省麻城市境内）击败楚军主力，继而占领楚都。

魏国攻打韩国，韩国向齐国求救。齐国采用"围魏救赵"的策略，打败了魏军。

历史概况

秦国与赵国在长平（今山西省晋城市境内）进行了一次大战，赵国用"纸上谈兵"的赵括作主将，结果战败，40万赵军被坑杀。

公元前279年

公元前260年

即墨之战

长平之战

燕国名将乐毅统率燕军攻打齐国即墨（今山东省即墨区境内）的一场攻防战争。齐国名将田单以火牛阵击破燕军，坚守防御转入反攻，一举击败燕军，最终收复了失地。

西汉

公元前204年

井陉之战

韩信率领汉军在井陉口进攻赵国，背水列阵，拔帜易帜，出奇制胜，最终以少胜多。

| 公元前202年 | 公元前119年 | 东汉 89年 | 三国 200年 |

垓下之战

刘邦听从谋士张良和陈平的提议，兵分三路将项羽围困在了垓下。最后，项羽南逃到乌江边，自觉无颜见江东父老，便自刎而死。

漠北之战

汉武帝时出现了两位天才将领——卫青和霍去病，他们各率5万骑兵，分两路深入漠北，大败匈奴。

窦宪破北匈奴之战

东汉初期，匈奴分成南北两支。南匈奴归附汉朝，北匈奴依旧时常南下抢掠。东汉通过几次北伐彻底击败了北匈奴，迫使北匈奴向西迁徙。

官渡之战

曹操在北方的实力越来越大，实力更强的袁绍发动大军，征讨曹操。双方在官渡打了一仗，曹操战胜了袁绍，统一北方。

历史概况

曹操率领大军南下，在赤壁与孙权和刘备的联军进行了一场大战，结果曹操战败。这时，三国鼎立的局面初步形成。

北方前秦主苻坚率大军来攻，东晋在谢安的指挥下，以8万兵力打败了号称百万的前秦军队，为东晋赢得了几十年的安静和平。

| 三国 | 208年 | | 222年 | | 东晋 | 383年 |

赤壁之战

夷陵之战

淝水之战

刘备为了报关羽被杀、荆州被夺之仇，率领大军讨伐东吴。东吴大将陆逊利用"火烧连营"的策略，在夷陵打败了刘备。

在唐统一战争中，秦王李世民率军于洛阳、虎牢地区，各个击破郑帝王世充、夏王窦建德军的战略决战。

金朝派大军攻打北宋，一直打到北宋都城东京。宋徽宗这才慌了，急忙把皇位传给了儿子宋钦宗。宗泽率军击退金军，成功保卫了东京的安全。

文臣虞允文指挥宋军打败金军，使金军未能如愿渡江南侵。南宋转危为安，金朝引发政变。

北宋　1127年

南宋　1140年　1161年

唐朝　620—621年

宗泽守东京之战

郾城之战

采石之战

洛阳、虎牢之战

金朝撕毁和约，再次以金兀术为统帅，兵分四路大举进犯，岳飞奉命坐镇郾城，指挥抗金。

99

历史概况

蒙古崛起后，南宋联蒙抗金，最后两家一起灭掉了金国。

南宋 1211—1234年

1279年

蒙金战争

崖山海战

南宋无力抵挡蒙古南下，最后在崖山一战，宋军大败，大臣陆秀夫背着宋朝最后一位小皇帝赵昺^{bǐng}跳海而死，南宋灭亡。

元末 1363年

鄱阳湖之战

朱元璋军与陈友谅军之间在鄱阳湖进行的一场决战。这场决战的胜利为明朝的建立奠定了基础。

土木堡之变后，瓦剌趁势攻打北京城，兵部左侍郎于谦率领北京军民保卫京师，打退了瓦剌，使明朝转危为安。

后金崛起后，明朝派出十几万大军，分4路打了过去，想灭灭后金的威风，结果5天之内就被破了3路。

明朝

| 1449年 | 1619年 | 1626年 | 1640—1642年 |

京师保卫战 **萨尔浒之战** **宁远之战** **松锦之战**

你们想干吗？

我们要来抢你们的地盘！

后金一鼓作气，几乎攻占了山海关外的所有城池，却被一个小小的宁远城挡住了攻势，努尔哈赤也在此战中受伤去世。

此战为明清双方最后的关键战役，自此以后，明朝再也没有能力组织起对清军的有效反击。

文化交流

历史概况

秦朝

徐福东渡

相传，秦始皇派徐福带数千童男童女出海求仙。徐福一去不返，据说他远航到了日本。这是我国有史记载的第一次航海探险。

西汉

张骞通西域

公元前138年，为了联合西域，共同抵抗匈奴，张骞奉汉武帝之命出使西域。张骞经历千辛万苦，前后用了十几年时间，到达了当时位于中亚的月氏、大夏等地。张骞的西行虽然没能达到最初的政治目的，却开通了一条连接西域与西汉的商贸通道，这条通道也被视为丝绸之路的开端。

丝绸之路

张骞开辟了以长安为起点，经甘肃、新疆，到中亚、西亚，并连接地中海各国的路上通道，这可谓丝绸之路的起源。丝绸之路形成于公元前2 — 公元1世纪，到16世纪仍在使用，是世界上路线最长、影响最大的文化路线。

丝绸之路上的往来商品

在中国与西域各国的贸易往来中，最重要的是丝绸贸易。丝绸产于中国，其制作技术也在几百年的时间里一直为中国所独有。通过丝绸之路，各种精美绝伦的丝绸被源源不断地出口到西方。"丝绸之路"一名由此而来，而中国的丝绸也是从那时候开始享誉世界的。

除了丝绸之外，各种各样的商品、宗教、科技和艺术等沿这条东西之路传播至各地。

中国的商品
丝绸
漆器
瓷器
茶叶

中国的物种与技术
蚕、桑
四大发明
白术

贩入中国的商品
宝石
中西亚良驹
香料
玻璃器皿

不可忽视的文化交流
马可波罗游记
《马可·波罗游记》
玄奘的《大唐西域记》
大唐西域记
龟兹壁画
胡旋舞
穿胡服吃胡饼
琵琶

中国引进的物种与技术
核桃
棉花
苜蓿
葡萄
石榴

历史概况

西汉

好美！

公元前33年　昭君出塞

汉元帝时，匈奴呼韩邪单于亲自到长安，要求同汉朝和亲，本是宫女的王昭君请求出塞和亲。王昭君到匈奴后，被封为"宁胡阏氏"。她还劝单于不要打仗，并把中原的文化传给匈奴。

东汉

73年　班超出使西域

48年，匈奴分裂成南、北两部，南匈奴臣服东汉。73年，名将窦固征伐北匈奴，为了联络西域各国孤立匈奴，窦固派班超出使西域。31年间，班固使鄯善、于阗等臣服汉朝，或与汉朝通好。

班超

91年，东汉击溃北匈奴，并认命班超为西域都护，管辖西域各国。这保障了丝绸之路的畅通和西域人民的稳定安宁。

97年　甘英出使大秦

西域都护班超为打破安息国的垄断，探寻直接同大秦（罗马帝国）贸易的商道，派甘英出使大秦。甘英率领使团一行从龟兹出发，经条支、安息诸国，到达了安息西界的西海（今波斯湾）沿岸。

甘英

东晋

鸠摩罗什

中国佛经翻译第一人

鸠摩罗什是东晋时期的高僧。344年，鸠摩罗什出生于龟兹，7岁开始出家修行。后来，龟兹被前秦所灭，鸠摩罗什被带到中原。402—413年，鸠摩罗什共翻译了经论35部、294卷，对佛教在中原的传播起到了重要作用。

文成公主

唐朝

文成公主入藏

贞观年间，松赞干布多次遣使来长安朝贡，想娶唐朝的公主为妻。之后，唐太宗允许松赞干布迎娶文成公主入藏。在文成公主的帮助下，藏人创造了藏文字母和拼音造字文法，结束了藏人没有文字的历史。文成公主还倡导佛教，传授刺绣和纺织等技术，推动了汉族和藏族的积极往来。

唐朝

玄奘取经

629年，唐朝僧人玄奘从长安出发，经过多个国家，并在那烂陀寺学习多年，于645年返回长安，还带回了大量经、像。

鉴真东渡

日本为了学习中国文化，先后十几次向唐朝派出遣唐使团。日本人十分衷爱大唐文化，无论是建筑、绘画、服饰、武器，无一不是模仿唐朝，史称"唐风时代"。

中日两国文化交流不仅依靠遣唐使，日本人还邀唐朝僧人鉴真到日本传播佛法。鉴真曾多次尝试东渡，直到第6次才到达日本，传播佛法和大唐文化。鉴真还带去了大量书籍和文物。

元朝

欧洲来客

马可·波罗是意大利的旅行家，据说他曾在中国游历17年，还受到了忽必烈的接见和任用。马可·波罗把在中国的见闻写进了《马可·波罗游记》。不仅如此，游记中还记载了忽必烈和他的宫殿、元朝的节庆和游猎等。这本书在西方非常受欢迎，也为后来西方人不畏艰难地探寻其中描述的东方宝藏埋下了伏笔。

郑和下西洋

明成祖朱棣为了宣扬国威、沟通海外贸易，在1405年到1433年间，命郑和先后7次远航西洋。郑和的船队远航西太平洋和印度洋期间拜访了30多个国家，最远到达赤道以南的非洲东海岸。郑和舰队中的宝船供船队的指挥人员和外国使节乘坐，同时用来装运明朝和西洋各国互赠的礼品、通过海外贸易得来的奇珍异宝。

郑和

明朝

107

中国古代经济制度

租庸调 （唐朝前期）

在均田制的基础上，征收田租、按户征调的赋税、劳役或者交纳实物。

井田制 （周朝）

"井"字形田，周围为私田，分配给农夫用以养家糊口。中间为公田，公田大家一起种，收成归贵族。

两税法 （唐朝后期）

以资产为依据，每年夏秋两季征收地税和户税。

均田制 （魏晋南北朝）

根据人口分配土地。

鲁国初亩税 （春秋战国）

无论公田、私田，一律按亩征税。

摊丁入亩 （清朝）

将丁银并入田赋、地亩征收。

屯田制 （汉朝）

组织军民在国有土地上开垦耕种和生产生活，大多是为抵御北方游牧民族，分为军屯和民屯两种形式。

工商食官 周朝

工，百工；商，官贾；食官，靠官府所给的粮食而生活。

工商食官制度下的官贾隶属于官府，受官府控制。

宋朝 草市、晓市、夜市出现。

海上丝绸之路兴起，广州设置市舶司来专管海外贸易。

唐朝

明朝 明朝中叶，长江中下游，棉纺织业手工部门出现雇佣关系。

春秋战国

私商

汉朝

丝绸之路

清朝 闭关锁国

这是靠蒸汽行驶的轮船。

什么是蒸汽？

历史概况

金属冶炼

商朝

1.用陶土雕刻并烧制成陶制的样模。

2.根据样模翻制成不同部位的外范。

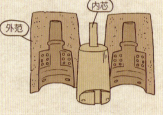

内芯　外范

3.将外范拼合，并制作内芯，青铜器的铭文一般就制成胶泥片，贴在内芯或外范上。

缝隙

4.将外范和内范合起来，合成留有缝隙的陶范，这个缝隙就是青铜器的厚度了。

5.灌注青铜液。

6.待青铜液冷却后，打碎陶范，形成青铜器。

商朝青铜制作

铁犁铧

人们掌握了冶炼生铁技术，出现了铁制农具。

春秋

纺织

西汉

丝绸

宋朝

棉纺

棉花在南宋末期传入中原。

元朝

黄道婆

纺织技术改革家。

三锭脚踏纺车

黄道婆改进的棉纺车，效率是原来的3倍，而且省力。

明朝

明朝服饰

棉织品已经成为中国百姓的主要衣料。

陶瓷

魏晋南北朝

青瓷　　白瓷

隋唐

陶瓷成为一门独立的手工业。

秘色瓷　　邢窑白瓷

越窑青瓷

宋元

青花瓷

明清

鼻烟壶　　掐丝珐琅

中国货币的发展

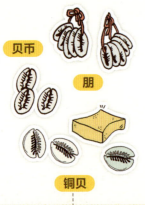

贝币

朋

铜贝

春秋战国时期，天下纷争，各国都有自己的货币。那个时候，去他国要先兑换好当地的货币，才能安心出门。

汉武帝即位后，国家统一了新的货币——五铢钱。它制作精良，一直使用了700多年。

半两钱

五铢钱

开元通宝

| 夏、商、西周 | 春秋战国 | 秦朝 | 汉朝 | 唐朝 |

这时的人们，用的是我国最早的货币——贝币。5个贝币为1串，两串称为"朋"。商朝晚期开始模仿贝币，用铜铸造"铜贝"，这是人类最早的金属货币。

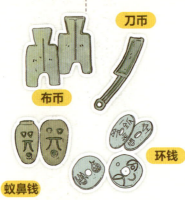

刀币

布币

蚁鼻钱

环钱

秦始皇统一六国后，规定全国只用圆形方孔的"半两钱"。它的名字来源于币面的"半两"二字，因为它的重量正是半两。

到了唐朝，唐高祖李渊统一铸造的"开元通宝"，有"开辟新纪元"的美好寓意，前后流通了1300余年。

我想用我的羊换你的鸡。

你的羊值10贝呢，我的鸡只值1贝！

太好了，剩下的我还能买别的东西。

给你1只鸡，再找你9贝。

远古的"以物易物"时代

远古时期，人们会通过交换物品，来获得自己需要的东西，比如粮食或家畜。但当物品的价值差太多，或者东西太大，不方便拿到市场交换时，中间交换媒介——货币就出现了。

chún
淳化元宝

南宋"会子"

北宋"交子"

宋通元宝

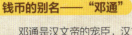

这时的钱币包括通宝、宝钞（纸币）、银锭，上面有蒙、汉两种文字。元朝用宝钞的人非常多，不过也有人喜欢用银锭，如果银锭有50两重，就可以叫"元宝"了。

洪武通宝

大明宝钞

天启通宝

这时的主要货币是用白银制成的宝银（银元宝）。虽然清朝也发行了纸币"大清宝钞"，但只用了10年就停用了。清末时，朝廷还从国外买了造币机，铸造了圆形无孔的钱币——龙洋银元。

两宋　　　　**元朝**　　　　**明朝**　　　　**清朝**

宋朝的钱币种类很多，皇帝改个年号，就要铸新钱。而且，北宋商业繁荣，沉甸甸的一袋钱币带在身上很不方便。于是，百姓用上了世界上第一种纸币——交子。它与南宋的"会子"是最早的官方纸币。

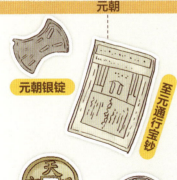

元朝银锭

至元通行宝钞

天佑通宝

蒙文大元通宝

明朝一开始也铸造铜钱，但不久就因为缺铜停止了，开始模仿元朝，发行纸币。大明通行宝钞是明朝唯一的纸币，直到明朝中后期，才停止发行，重新铸造铜钱。

大清宝钞

宝银

道光通宝

龙洋银元

古代的"银行"

在我国历史上，金属货币的使用时间很长，而且单位价值很低。鲁迅先生笔下的孔乙己用9文钱只能买两碗酒、一碟茴香豆。这要是去远方买大宗货物，怎么办呢？古人便用绳索将1000枚钱币穿成串吊起来，出远门办事时盘起来缠在腰间，以方便携带，于是有了"盘缠"和"腰缠万贯"的说法。在古代，从来没有富人能真正做到把万贯钱缠在腰间，这是因为那么多铜钱太重了，目标太大，也容易被抢。

因此，类似于银行的商业机构诞生了。

唐朝

柜坊

帮生意人保管金银等财物，并收取他们一定的保管费用。生意人可以在需要的时候凭借信物提取。

进奏院

商人在京城把钱交给进奏院，得到一张凭证，就是"飞钱"。拿着飞钱能到其他地区取钱。虽然名叫飞钱，但它并不能支付和流通，所以不是真正意义上的纸币。

宋朝

交子铺和交子务

一开始的交子也是类似飞钱的兑换凭证，是私人金融机构发行的。后来，因私人机构的资金出现问题，交子无法被兑换，政府禁止了民间交子，转而设立交子务，发行真正意义上的纸币。交子务也成为世界上第一个发行纸币的官办机构。

钱庄

在钱庄，能够办理存款、过账（转账）和放款等业务。钱庄对存款人支付利息，和现在的商业银行非常相似。

清朝

票号

票号是用汇票转换、兑换现银的机构，由晋商首创。最早的票号是山西的日升昌，他的客户是各种大商号，凭借汇票能安全便利地调拨资金，还能支付各种款项。后来，日升昌还吸收存款，发放贷款，吸引了许多山西商人投资票号。

汇票

雷履泰

日升昌

日升昌创始人

平遥古城

日升昌所在地。

中华老字号

老字号是世代传承的优秀品牌，繁盛于清末。全国有上千家老字号，遍布各省市，上海恒源祥羊毛衫、重庆桥头火锅、绍兴女儿红黄酒、云南白药、陕西西凤酒等都是令人熟知的品牌。

而首都北京可以说是中华老字号的聚集地。炮制中药的同仁堂，卖布匹、绸缎的瑞蚨祥，做帽子的马聚源，经营茶叶的张一元，做酱菜的六必居等都汇聚在北京大栅栏。

同仁堂

历史概况

今天我们还在大栅栏里还能看到许多老字号的纪念铜像，它们展现了老字号辉煌时期的风采。

北京有句顺口溜是"头顶马聚源，脚踩内联升，身穿八大祥，腰缠四大恒"，如果一个人能把这些老字号的衣服、鞋帽都穿戴在身上，那一定有着相当的财力或地位。

马聚源 做帽子的老字号。

内联升 做鞋子的老字号。

八大祥（布匹行当） 瑞蚨祥、瑞生祥、瑞增祥、瑞林祥、益和祥、广盛祥、祥义号、谦祥益。

四大恒（钱庄老字号） 恒利、恒和、恒兴、恒源。

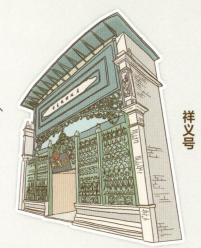

祥义号

古人怎么治国

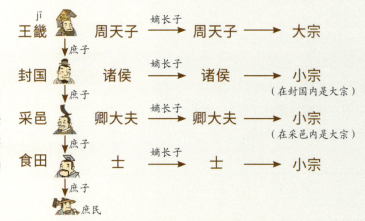

王畿 jī 周天子 →（嫡长子）周天子 → 大宗
↓（庶子）
封国 诸侯 →（嫡长子）诸侯 → 小宗（在封国内是大宗）
↓（庶子）
采邑 卿大夫 →（嫡长子）卿大夫 → 小宗（在采邑内是大宗）
↓（庶子）
食田 士 →（嫡长子）士 → 小宗
↓（庶子）
庶民

西周

宗法制

宗，就是祖的意思，同姓的叫同宗，但又分为大宗和小宗。古代宗法规定，同一始祖的嫡系长房继承的宗族为大宗，其他儿子（庶子）继承的宗族是小宗。

秦朝

皇帝制度

皇帝

三公九卿制

丞相	太尉	御史大夫
管理文武百官	管理军事	监察百官

奉常 — 掌管宗庙事宜
郎中令 — 宫廷侍卫
卫尉 — 宫门警卫
太仆 — 掌管宫廷御马
延尉 — 司法审判
典客 — 掌管外交及民族事务
宗正 — 皇家管家
治粟内史 — 掌管租税钱谷和财政
少府 — 掌管皇室用的山海池泽之税

西汉

中外朝

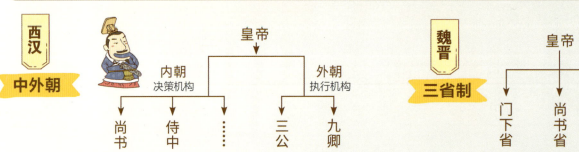

皇帝

内朝 决策机构 ｜ 外朝 执行机构

尚书　侍中　……　　三公　九卿

魏晋

三省制

皇帝

门下省　尚书省　中书省

隋唐 三省六部制

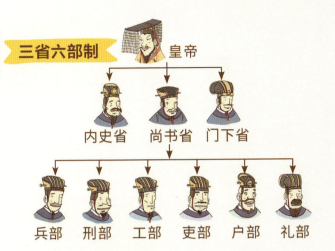

皇帝

内史省　尚书省　门下省

兵部　刑部　工部　吏部　户部　礼部

宋朝 二府三司制

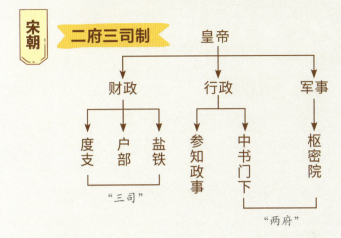

皇帝

财政　行政　军事

度支　户部　盐铁　参知政事　中书门下　枢密院

"三司"

"两府"

元朝 一省制

中书省 代替前代三省，上承天子，下总百司，为中央最高行政机构，行使宰相职权。

枢密院 中央最高军事管理机关。

御史台 中央最高监察机关。

明朝 内阁制

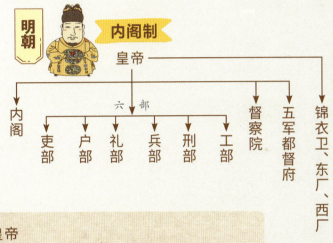

皇帝

内阁　　　六部　　　督察院　五军都督府　锦衣卫、东厂、西厂

吏部　户部　礼部　兵部　刑部　工部

清朝 军机处

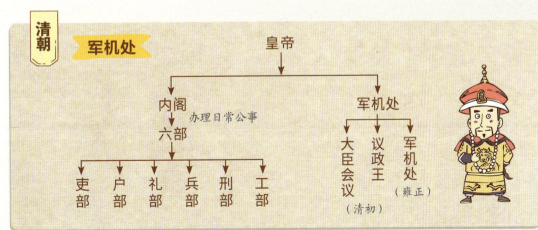

皇帝

内阁　　　办理日常公事　　　军机处

六部

吏部　户部　礼部　兵部　刑部　工部

大臣会议（清初）　议政王　军机处（雍正）

119

怎么管理地方

西周 | **分封制**

周朝建立后，周武王一口气分封了近百个诸侯王，把功臣和王族分封到各地，让他们建立诸侯国，以便统治更多的疆域。

秦朝 | **郡县制**

中央
↓
郡（长官：郡守）
↓
县（长官：县令）

汉初 | **郡国并行制**

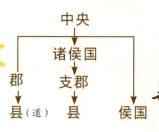

中央
├ 诸侯国
│ └ 支郡
郡 县（道）→ 县 → 侯国

汉武帝之后 | **刺史制度**

刺史部——中央
（长官：刺史）↓
郡
↓
县

汉末魏晋

中央
↓
州（长官：州牧）
↓
郡
↓
县

隋朝

中央
↓
州（长官：刺史、太守或州牧）
↓
县

唐朝初年

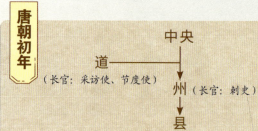

中央
道
（长官：采访使、节度使）
→ 州（长官：刺史）
↓
县

藩镇制度 | **唐朝后期**

中央
↓
方镇（道）
（长官：节度使）
├ 州（长官：刺史、太守）
│ ↓
│ 县
└ 府（长官：府牧、府尹）
  ↓
  县

在我的地盘，没有朝廷，你明白吗？

中央
↓
路
↓
州 → 县
府 → 县

三司制度

中央
长官（总督、巡抚、巡按）
↓
三司 → 承宣布政使司（行省）（掌管民政和财务）
→ 提刑按察使司（掌管刑法）
→ 都指挥使司（掌管兵务）

府（长官：知府）
↓
县

直隶州（长官：知州）
↓
县

府（长官：知州）
↓
州
↓
县

土官（管理少数民族地区的官员）

行省制度

元朝在地方设立行省制度，总共设立了11个行省。行省长官由朝廷任命。"省"作为地方一级行政区，一直沿用到了今天。

中央
↓
行省
↓
路
↓
府 → 州 → 县
府 → 州 → 县
府 → 州 → 县
府 → 州 → 县
府 → 州 → 县

中央
↓
总督（官职：管理一省或数省）
↓
巡抚（官职：管理一省）
↓
布政使司（省）（长官：布政使和按察使）
↓
道 — 布政使副职为守道
按察使副职为巡道

直隶州
↓
县（长官：州同或州判）

府
↓
州（散州）
县（长官：知县）
厅（散厅）（长官：同知）

直隶厅

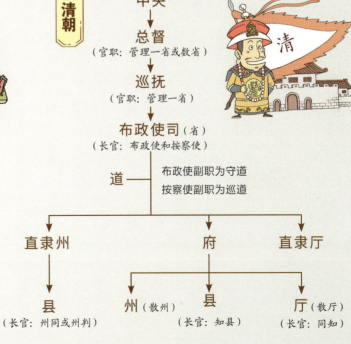

121

怎么选拔人才

夏商周

世卿世禄制

父死子继。通过血缘关系来确定官职和俸禄，世袭官位、俸禄、田产等。

汉朝

察举制

由地方向中央推荐人才（孝子、廉洁之士），考核后授予官职。

征辟制

包括皇帝征聘和公府、州郡辟除两种方式。

魏晋南北朝

九品中正制

中正九品

中正九品	起家官品
	一品
	二品
上上 一品	三品
上中 二品	四品
上下 三品	五品
中上 四品	六品
中中 五品	七品
中下 六品	八品
下上 七品	九品
下中 八品	
下下 九品	

起家官品

中正 品评人才的官职名称。

九品 人才的等级分为上上、上中、上下、中上、中中、中下、下上、下中、下下九等。

起家官品 初次被授予职位的官品。

东晋时期，门第和籍贯决定着人的命运。名门望族的子弟，不需要任何考核就能做官，而且官职还不低。当然，直接上任一品官还是有难度的。出身不好的子弟只能做低级官员。

隋唐 宋元 明清

科举制

国家通过考试选拔官员的制度。从隋炀帝设立**进士科**正式形成。唐朝首创**武举和殿试**。宋朝建立**糊名制和誊录制**。明朝正式的科举开始分为**乡试、会试、殿试三级**。

考试名称	通过者	第一名
童试	秀才 / 生员	
乡试（秋闱）	举人	解元
会试（春闱）	贡士	会元
殿试	进士	状元

中进士就有机会官至宰相

殿试

皇帝亲自主持的考试，录取者称"天子门生"。

登科后

[唐]孟郊

昔日龌龊不足夸，

今朝放荡思无涯。

春风得意马蹄疾，

一日看尽长安花。

登科后

123

古代的学校

序

原为练习射箭打靶的场地，据说是夏朝培养会射箭的战士的地方。

校

原是养马的地方，后为操练、比武的场所。

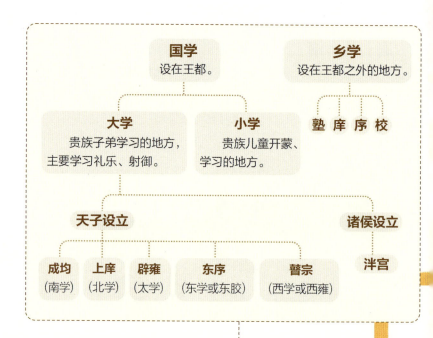

国学
设在王都。

乡学
设在王都之外的地方。

大学
贵族子弟学习的地方，主要学习礼乐、射御。

小学
贵族儿童开蒙、学习的地方。

塾 庠 序 校

天子设立

诸侯设立

成均
（南学）

上庠
（北学）

辟雍
（太学）

东序
（东学或东胶）

瞽宗
（西学或西雍）

泮宫

上古　　夏朝　　商朝　　西周

庠

上古舜时期的学校。庠有"养"的意思，把有经验和知识的老人养在那里，专门从事教育年轻一代的工作。

序

培养军事人才。

庠

在这里可以学习到孝顺父母，尊敬兄长等品格，还能学习到射箭、射箭的礼仪和武舞。

学

学习礼乐的高等学校，相当于大学，设在西郊，叫右学。

瞽宗

原义是宗庙，也是贵族子弟学习礼乐的高等学校。

六艺

贵族子弟主要的学习内容，即礼、乐、射（射箭）、御（驾车）、书（文字）、数（算数）。

私学

孔子提倡有教无类，创办了著名的私学，平民也可以像贵族一样上学。其实在春秋时期，除了儒家私学，各家学者也创办了私学，甚至有竞争的场面。这之后我国便出现了两种学校教育制度，分别是官学和私学。

学室（官学）

秦朝设置博士官。当时的博士不同于现在的学位，而是一种官职，除了参政议政，还要掌握古今历史文化。

春秋	战国		秦朝 汉朝

稷下学宫

齐国在国都临淄的稷门附近创建了稷下学宫。这是一所官办的高等学府，有不同学术流派的老师讲学，学生可以根据爱好选择听课。

中央　　　　郡国　县道邑　乡　聚

汉朝廷

— 宫邸学

— 鸿都门学

太常　太学　学　　校　庠　序

精舍（精庐）— 蒙学（书馆）

国子学

西晋创立，设置祭酒、博士各一名，教授学生。

隋炀帝时，把初期设立的国子寺改为国子监。国子监成为独立的教育领导机构，国子祭酒作为教育行政长官。

魏晋南北朝　　　　　　　　　　　隋朝　　　唐朝

分科学校

三国魏时设置律博士，教授刑律。西晋时设立书博士，教授书法。南朝时设置医学。

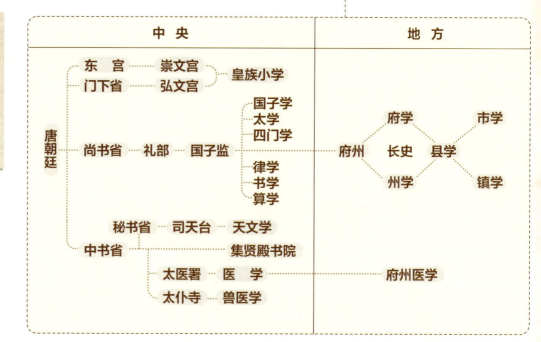

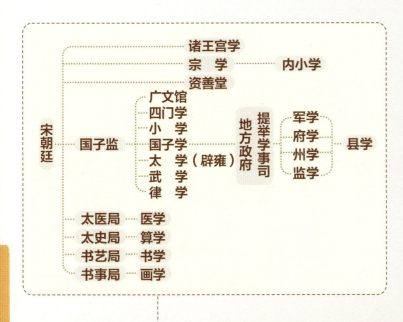

宋朝廷
国子监
- 广文馆
- 四门学
- 小学
- 国子学
- 太学
- 武学
- 律学
（辟雍）
- 诸王宫学
- 宗学 —— 内小学
- 资善堂
地方政府 —— 提举学事司
- 军学
- 府学
- 州学
- 监学
—— 县学
- 太医局 —— 医学
- 太史局 —— 算学
- 书艺局 —— 书学
- 书事局 —— 画学

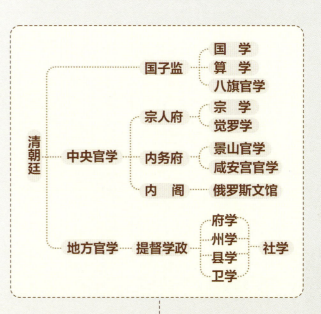

清朝廷
中央官学
- 国子监
  - 国学
  - 算学
  - 八旗官学
- 宗人府
  - 宗学
  - 觉罗学
- 内务府
  - 景山官学
  - 咸安宫官学
- 内阁
  - 俄罗斯文馆
地方官学 —— 提督学政
- 府学
- 州学
- 县学
- 卫学
—— 社学

宋朝　　　　　明朝　　清朝

书院

书院一词开始于唐朝，是藏书、修书的场所。到了宋朝，书院成为私人办的"大学"，包含讲学、藏书和祭祀三大功能。当时著名的书院有白鹿洞书院、岳麓书院、石鼓书院、应天府书院等。

白鹿洞书院

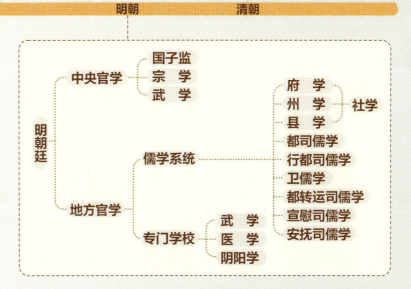

明朝廷
中央官学
- 国子监
- 宗学
- 武学
地方官学
- 儒学系统
  - 府学
  - 州学 —— 社学
  - 县学
  - 都司儒学
  - 行都司儒学
  - 卫儒学
  - 都转运司儒学
  - 宣慰司儒学
  - 安抚司儒学
- 专门学校
  - 武学
  - 医学
  - 阴阳学

古代的教材

现在的学生上学需要人手一本教材，那古时候的学生要准备教材吗？他们的教材是什么样子的呢？

其实，古代不仅有儿童入学诵读的启蒙教材，还有科举考试的参考书——国学读本。

儿童启蒙读物

《千字文》

南朝梁时，周兴嗣拓取王羲之遗书中1000个不重复的字，编为四言韵文，即《千字文》。这本读物以"天地玄黄，宇宙洪荒"开头，依次叙述有关天文、博物、历史、人伦、教育、生活等方面的知识。

《百家姓》

北宋时编，作者不详。《百家姓》以"赵钱孙李、周吴郑王"为开头的四言韵文。

《三字经》

《三字经》为南宋王应麟所作，介绍名物常识、经史子集、先贤事迹，以此鼓励儿童识字知理。

《千家诗》

《千家诗》是成书于南宋时期的唐宋诗歌选集。

以上四本读物被简称为"三百千千"。

《增广贤文》

《增广贤文》是明朝儿童启蒙读物，主要内容为人生哲学和处世之道，许多佳句流传至今，比如"一年之计在于春""良药苦口利于病，忠言逆耳利于行""乐不可极，乐极生悲"等。

《幼学琼林》

《幼学琼林》为清朝程登吉所著，全书共4卷，涉及著名人物、天文地理、风俗礼仪、鸟兽花木等许多方面的内容，被称为中国古代的百科全书。

《蒙求》

《蒙求》为唐朝李瀚所著，宋朝徐子光所注。全书包含历史人物和传说人物故事，是四言对偶韵文，上下两句，每句一个故事，比如"匡衡凿壁，孙敬闭户""孙康映雪，车胤聚萤"。

《弟子规》

《弟子规》是清朝李毓秀撰写的用三言韵文写成的古代家庭教育读本。

《朱子家训》

《朱子家训》为明末清初著名理学家、教育家朱柏庐所著，是劝人安分守己、恪守成规的家教读物。

历史概况

四书五经

应对科举考试

五经 包括《诗经》《尚书》《礼经》《周易》《春秋》。

四书 包括《论语》《孟子》《大学》《中庸》这4部儒家经典。南宋朱熹撰写《四书章句集注》对它们进行注释，于是有了"四书"之名。从此，科举考试开始从四书出题。

白鹿洞书院

五老峰

129

科举考试

科举制是我国古代通过考试选拔官吏的制度，因为采用的是分科取士的办法，所以叫作科举。

隋文帝即位后，初步建立起通过考试选拔人才的制度。隋炀帝时，进士科的设置，标志着科举制的正式确立。

唐朝继承并发展了科举制度，每年定期举行，开始殿试和设立武举。宋朝逐步完善科举制度，明清达到极盛。

那么科举考试是怎样的流程呢？让我们以宋朝科举和清朝为例吧！

宋朝科举考试

来府注籍（注册登记姓名、籍贯等）→ 听讲专题（划重点）→ 府院解试（科举的第一道考试）→ 解释放榜 → 在京待试

府院解试 → 考中 → 举人

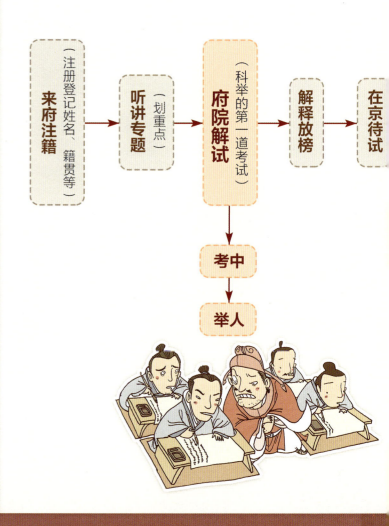

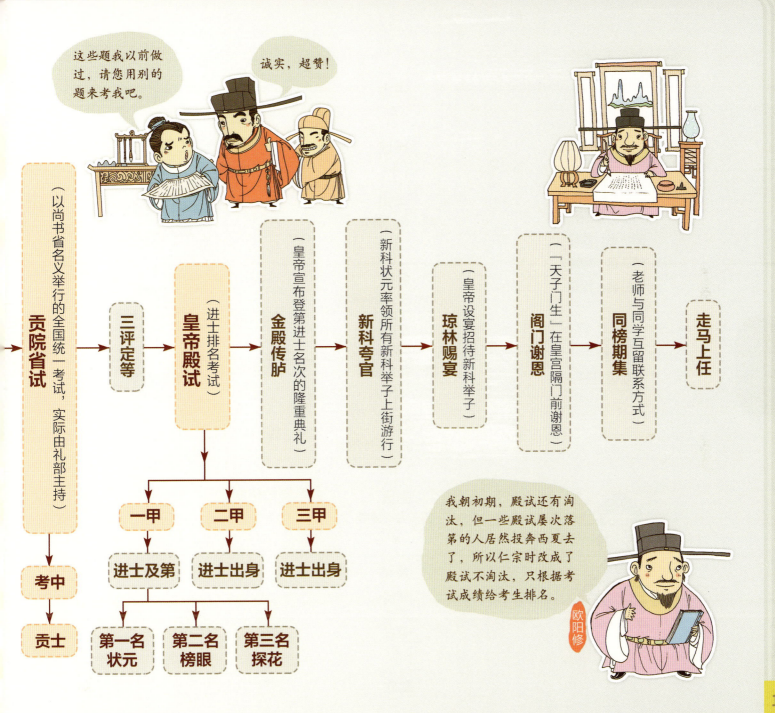

这些题我以前做过，请您用别的题来考我吧。

诚实，超赞！

贡院省试（以尚书省名义举行的全国统一考试，实际由礼部主持）

→ **三评定等** → **皇帝殿试**（进士排名考试）→ **金殿传胪**（皇帝宣布登第进士名次的隆重典礼）→ **新科夸官**（新科状元率领所有新科举子上街游行）→ **琼林赐宴**（皇帝设宴招待新科举子）→ **阁门谢恩**（「天子门生」在皇宫隔门前谢恩）→ **同榜期集**（老师与同学互留联系方式）→ **走马上任**

贡院省试 ↓ **考中** ↓ **贡士**

皇帝殿试 ↓
- **一甲** ↓ **进士及第**
- **二甲** ↓ **进士出身**
- **三甲** ↓ **进士出身**

进士及第 ↓
- **第一名 状元**
- **第二名 榜眼**
- **第三名 探花**

我朝初期，殿试还有淘汰，但一些殿试屡次落第的人居然投奔西夏去了，所以仁宗时改成了殿试不淘汰，只根据考试成绩给考生排名。

欧阳修

清朝科举考试

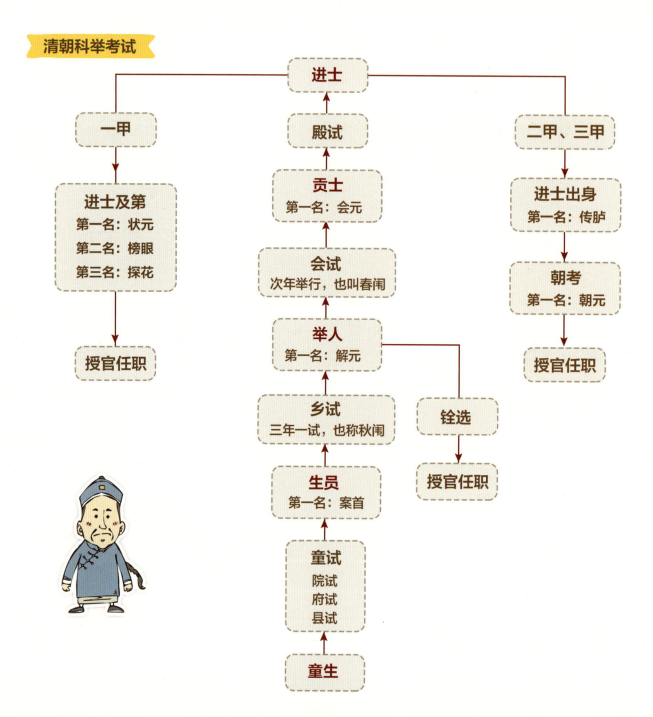

进士

一甲 → **进士及第**
第一名：状元
第二名：榜眼
第三名：探花
→ **授官任职**

殿试
↑
贡士
第一名：会元
↑
会试
次年举行，也叫春闱
↑
举人
第一名：解元
↑
乡试
三年一试，也称秋闱
↑
生员
第一名：案首
↑
童试
院试
府试
县试
↑
童生

铨选 → **授官任职**

二甲、三甲 → **进士出身**
第一名：传胪
↓
朝考
第一名：朝元
↓
授官任职

历史概况

科举考试的内容

我们知道考生是这样一步步参加科举考试的，那他们考的是什么内容呢？历朝历代还都不太一样。

隋炀帝设立的进士科，考的是策论，叫**试策取人**，考的是当前政治问题、向朝廷献策的文章。进士是进受爵禄的意思。

唐朝以**进士**（诗赋考试、经文记忆、默写经文和注疏）、**明经**（贴经、墨义、时务策）两科为主，还增加了"明算""明字"等五十多科。

宋朝的科举考试科目比唐朝的大为减少，也在考试内容上做了较大的改动。进士科的考试内容不再是诗赋考试和记忆经义，**强调阐明经书的义理**。

明朝的科举考试正式分为**乡试、会试和殿试三级**，范围是四书五经。明朝的乡试和会试会考八股文，清朝则只考**八股文**了。八股文指的是带有固定格式的文体，分八个部分，题目全部出自四书五经中的原文。

总结起来就是唐朝注重诗词歌赋，宋朝注重识记能力，而明清时期重在文章格式。

细说唐朝考试内容

唐朝的考试考墨义、帖经、策问、诗赋、经义等内容。其中，墨义是根据出题书籍所出的简单问答题，而帖经则相当于现在的填空题。

我从《尚书》里边选一句话，看那帮考生能不能将上下文都默写出来。

策问需要学生对书中语句或者政事发表自己的见解，提出对策。女皇武则天还曾在大殿上策问过考生。诗赋则着重考查考生的文学功底。

历史概况

古人的世界观

先秦诸子百家

　　春秋战国时期，读书人热衷讨论治理国家、教化民众、统一天下的办法。后来，这些人逐渐形成了不同的学术门派，这些门派的创建者代表人物合成"诸子"。"诸子百家"可不止一百家，仅《汉书·艺文志》中记载的学术门派就有189家！他们在各国施展着自己的治国方略，形成了我国古代唯一的一次"百家争鸣"。

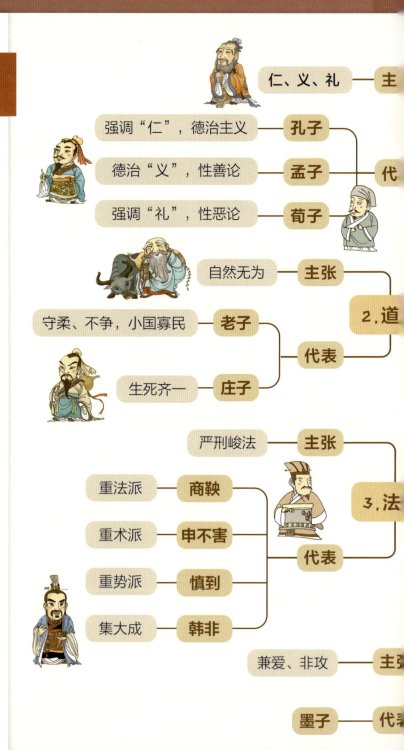

仁、义、礼 —— 主

强调"仁"，德治主义 —— 孔子

德治"义"，性善论 —— 孟子 —— 代

强调"礼"，性恶论 —— 荀子

自然无为 —— 主张

守柔、不争，小国寡民 —— 老子 —— 2.道

生死齐一 —— 庄子 —— 代表

严刑峻法 —— 主张

重法派 —— 商鞅

重术派 —— 申不害 —— 3.法

重势派 —— 慎到 —— 代表

集大成 —— 韩非

兼爱、非攻 —— 主张

墨子 —— 代表

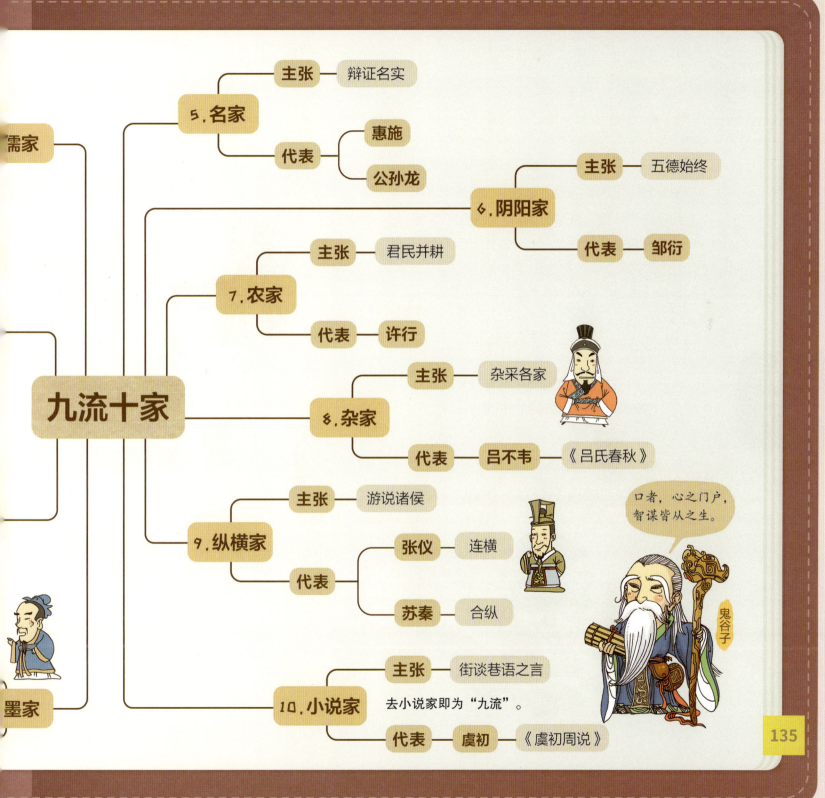

九流十家

需家

墨家

5.名家
- 主张 —— 辩证名实
- 代表
  - 惠施
  - 公孙龙

6.阴阳家
- 主张 —— 五德始终
- 代表 —— 邹衍

7.农家
- 主张 —— 君民并耕
- 代表 —— 许行

8.杂家
- 主张 —— 杂采各家
- 代表 —— 吕不韦 《吕氏春秋》

9.纵横家
- 主张 —— 游说诸侯
- 代表
  - 张仪 连横
  - 苏秦 合纵

10.小说家
- 主张 —— 街谈巷语之言
- 去小说家即为"九流"。
- 代表 —— 虞初 《虞初周说》

口者，心之门户，智谋皆从之生。

鬼谷子

历史概况

总的来说，儒家、道家、墨家和法家的思想对中国的影响最大，对中国的传统思想起了主导作用。外来思想中，对中国影响最大的是佛学。

刘伶

汉武帝"罢黜百家，独尊儒术"，将儒家思想作为国家的正统思想。

汉朝　独尊儒术

汉武帝
儒
还是儒家好！

魏晋　魏晋玄学

魏晋时期，兴起以老庄思想为核心的哲学思想，注重《老子》《庄子》和《周易》，并称这三部典籍为"三玄"。那时大多贤士远离世俗事务，追求清谈，比如竹林七贤，"越名教而任自然"。

顾炎武

乾嘉学派是乾隆、嘉庆年间讲究训诂（注释）考据的经学派系，开始于明清之时的顾炎武。顾炎武主张"明道救世"，采取历史与现实结合的方式，深入思考与国计民生有关的问题。后来，乾嘉学派的学者用古文经学的训诂方法整理古籍，研究语言文字。

太贪心是成不了圣人的！
程颢
程颐

清朝　乾嘉学派

宋朝　程朱学派

宋明　陆王学派

程朱学派也称为程朱理学，是理学的一个派别，由北宋的程颢和程颐创立，以后代代相传。到了南宋，朱熹总结前人的思想，建立了庞大的理学体系，成为理学的集大成者。

程朱理学认为"理"是宇宙万物的起源，所以万物的发展变化必然遵循一个"理"，人们可以通过推究事物的道理来认识事物的本质。

陆王学派是以陆九渊和王守仁为代表的哲学派别，反对程朱理学所说的"理是宇宙的本源"，认为"我心即宇宙，宇宙即我心"。

王守仁

古人研究数学吗

十进制计数法

我国早在商朝便已经开始采用十进制计数法，出土的甲骨文上已有十、百、千等数的名称。

算经十书

《周髀算经》 《九章算术》

《海岛算经》 《张丘建算经》

《夏侯阳算经》《五经算术》

《缉古算经》 《缀术》

《五曹算经》 《孙子算经》

汉唐

先秦

几何思想

墨子

战国时期墨翟的《墨经》记载"圆，一中同长也"，说的是圆的中心到圆上各点的距离都一样长。"平，同高也"的意思是两条平行线之间构成的三角形面积同底等高。

更厉害的是，《墨经》中还提到了小孔成像、凹凸面镜，对杠杆、滑轮等也有阐述。

勾股定理

《周髀算经》最早记录勾股定理。我国古代数学家把较短的直角边叫勾，另一直角边叫股，斜边称为弦，所以勾股定理也叫勾股弦定理。

相传，勾股定理是由商朝的商高发现，所以也称商高定理。三国的赵爽对《周髀算经》中的勾股定理作了详细注释。

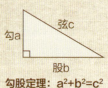

弦c

勾a

股b

勾股定理：$a^2+b^2=c^2$

数学家刘徽在注释《九章算术》时用无穷小分割的方法和极限思想证明圆的面积公式，求出圆周率，这种方法被称为割圆术。刘徽用此方法求得圆周率的近似值为3.14。

南北朝时期的数学家祖之用割圆术把圆周率精确到3.1415926到3.1415927之间。

圆周率

宋元

杨辉三角

						1							$n=1$
					1		1						$n=2$
				1		2		1					$n=3$
			1		3		3		1				$n=4$
		1		4		6		4		1			$n=5$
	1		5		10		10		5		1		$n=6$
1		6		15		20		15		6		1	$n=7$

等积原理

祖暅和他的父亲祖冲之根据刘徽的截面积原理，得到正确的体积公式，并据此提出了"幂势既同，则积不容异"，即等积原理，又称祖暅原理。

增乘开方法

这是北宋贾宪创造的一种开方和求高次方程数值解的方法。

天元术

天元术是古代求解高次方程的方法。李治的《测圆海镜》和《益古演段》是现存最早的系统介绍和研究"天元术"的著作。

《九章算术》

内容分为九章

方田：分数四则运算法则和平面几何图形面积的计算公式。

粟米：谷物交换中的比例问题。

衰分：比例分配算法和异乘同除问题。

少广：面积与体积的逆运算，开平方与开立方法。

商功：体积的计算公式和土方工程工作量的分配算法。

均输：赋税的合理负担算法及各种难题。

盈不足：盈亏问题。

方程：线性方程组问题的解法、正负数加减法则。

勾股：勾股定理、解勾股形及简单测量问题。

成就

分数运算

解线性方程组的"方程术"

正负数加减的运算规则

开平方和开立方的计算方法

中国历法

历法是用年、月、日来计算时间的方法。虽然世界上存在着很多历法，但从本质上来说，历法可以分为阴历、阳历和阴阳合历这三种类型。

今天立春，大伙儿都开始准备春耕啦！

阴历

阴历又叫太阴历，是以月亮运动为依据的历法。月亮每天都有阴晴圆缺的变化，从月牙开始，逐渐变为满月，然后再变为月牙。人们把这样的一个周期称为一个月，平均约为29.5天，12个月约为354天。

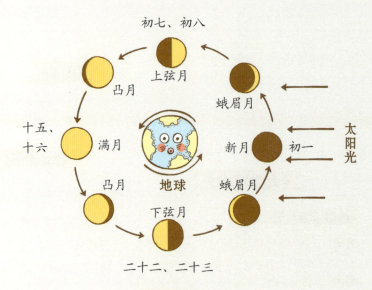

初七、初八
上弦月
凸月
蛾眉月
十五、十六
满月
新月
初一
太阳光
地球
凸月
下弦月
蛾眉月
二十二、二十三

月相变化

因为月亮的规律易于掌握，所以人们最早使用的是阴历。最早发明阴历的是居住在两河流域的苏美尔人。

阳历

阳历又叫太阳历，是以太阳的变化规律为依据的历法。地球绕着太阳转一圈，各个部位受到的阳光照射不相等，所以有了四季。古人发现夏季中有一天的正午日影最短，而冬季中有一天的正午日影最长。于是，人们把日影最短的那天叫夏至，最长的那天叫冬至。两个夏至或两个冬至之间的时间，就是一年，时间约为365天。

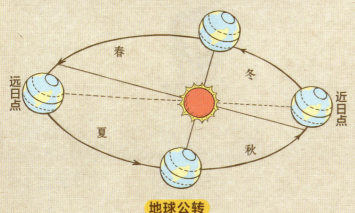

地球公转

古埃及人制定出世界最早的太阳历。他们把一年分为3个季节，每个季节有4个月，每月的天数不等，有的30天，有的29天。后来，古埃及人统一将每个月定为30天，再在年底加5天，所以1年有365天。后来，这一历法传入罗马，经凯撒修改，便成了今天的公历的起源。

阴阳合历

阴阳合历是同时考虑太阳和月亮运动而制定的历法，在我国叫农历。阳历中的1年约365天，阴历中的12个月约354天，二者相差约11天。如果完全按照阴历来生活，可能不过5年，我们就要在夏天过春节了。

于是，聪明的古人发明了"置闰法"，设置闰月来平衡阳历和阴历的时间差，这就是阴阳合历。

咦？怎么有两个四月？

置闰法

古人每隔2到3年设置1个闰月，有闰月的年份有13个月，闰月在几月的后面，就叫闰几月。

中国历法演变史

从上古时代到清末，我国至少制定过100多种历法。各个朝代都制定过具有代表性的历法。

中国古代天文之最

世界上目前已知置闰最早的历法

《尚书·尧典》："期三百有六旬有六日，以闰月定四时，成岁。"

世界上最早关于日食的记载

《尚书·胤征》记载了夏朝仲康王时代的一次日食："乃季秋月朔，辰弗集于房，瞽奏鼓，啬夫驰，庶人走……"

世界上关于天琴座流星雨最早的记录

《春秋·庄公七年（公元前687年）》："夏，四月辛卯，夜，恒星不见，夜中星陨如雨。"

世界上发现彗星的最早记录

《竹书纪年》："周昭王末年（公元前977年），夜清，五色光贯紫微，其王南巡不返。"

上古时代	夏朝
《黄帝历》	《夏历》

黄帝根据星体的运行，制定了历法，称《黄帝历》。

《夏历》据传说是夏朝的历法，以朔望月为确定历月的基础。

魏晋南北朝	隋朝
《大明历》	《开皇历》《大业历》

《大明历》由南朝宋时的天文学家祖冲之编制而成，引用岁差的概念，使历法更加精确。

《开皇历》在隋朝使用13年后，由新历代替。新历经修订后，得名《大业历》，用至隋朝末期。

商朝	西周	东周	秦朝	西汉
《殷历》	《周历》	《鲁历》	《颛顼历》	《太初历》

古 六 历

《殷历》以12月为首元月（一年的第一月）。	《周历》以11月为岁首元月。	《鲁历》是春秋战国时期鲁国所使用的一种历法。	《颛顼历》以10月为岁首元月，岁终置闰。	《太初历》首次将二十四节气编入历法，也是我国现存第一部完整的历法。

唐朝	宋朝	元朝	明朝/清朝	清朝
《戊寅元历》《麟德历》	《统天历》	《授时历》	《时宪历》	《癸卯元历》
《戊寅元历》于唐朝年使用，是历史上第一颁行全国、采用定朔的法。后来，《戊寅元历》误差越来越大，唐朝开使用《麟德历》。《麟德历》独创进朔法，根据本情况，将朔日上推一或下推一日，在当时是部比较精密的历法。	《统天历》使用的回归年长度数值为365.2425日，和现行1年的长度相同。	《授时历》是我国历史上使用时间最长的历法，采用实际测量的方法而不是去推算冬至日。	徐光启在明朝崇祯年间主编《崇祯历书》，清朝时用此书制定了《时宪历》。	《癸卯元历》在《时宪历》的基础上重修而成，用至清朝灭亡。

二十四节气

春

二月

立春

2月3、4或5日
春天到了，天地初现生机

鱼陟负冰。
东风解冻，蛰虫始振，

雨水

2月18、19或20日
天气变暖，降水量增加

獭祭鱼，
候雁北，草木萌动。

三月

惊蛰

3月5或6日
天气更暖和了，小动物从冬眠中醒来

桃始华，
仓庚鸣，鹰化为鸠。

春分

3月20或21日
昼夜平分，大好春光已过去一半

雷乃发声，
始电。元鸟至，

四月

清明

4月4、5或6日
万物生长，处处清爽明净

虹始见。
桐始华，田鼠化为鴽，

谷雨

4月19、20或21日
农作物的播种繁忙期

萍始生，
鸣鸠拂其羽，戴胜降于桑。

夏

五月

立夏

5月5、6或7日
进入夏天

王瓜生。
蝼蝈鸣，蚯蚓出，

小满

5月20、21或22日
麦粒渐满

苦菜秀，
靡草死，麦秋至。

六月

芒种

6月5、6或7日
收小麦，种玉米

螳螂生，
鵙始鸣，反舌无声。

夏至

6月21或22日
越来越热

鹿角解，
蜩始鸣，半夏生。

七月

小暑

7月6、7或8日
还没到一年中最热的时候

蟋蟀居壁，
温风至，鹰始击。

大暑

7月22、23或24日
天气炎热的最高峰

腐草为萤，
土润溽暑，大雨时行。

科技

秋

八月

| 立秋 | **8月7或8日**
秋天虽到，酷暑余威犹在 | | 凉风至，白露降，**寒蝉鸣**。 |
| 处暑 | **8月22、23或24日**
气温下降，天气凉爽而干燥 |  | 鹰乃祭鸟，天地始肃，**禾乃登**。 |

九月

| 白露 | **9月7、8或9日**
天气转凉，夜晚温度变低 | | **鸿雁来**，元鸟归，群鸟养羞。 |
| 秋分 | **9月22、23或24日**
庄稼成熟，瓜果飘香 |  | 雷始收声，**蛰虫坏户**，水始涸。 |

十月

| 寒露 | **10月7、8或9日**
凉爽转为寒冷 | （菊花图） | 鸿雁来宾，雀入大水为蛤，**菊有黄华**。 |
| 霜降 | **10月23或24日**
天气变冷，开始降霜 | （豺图） | **豺乃祭兽**，草木黄落，蛰虫咸俯。 |

冬

十一月

| 立冬 | **11月7或8日**
冬天来了 |  | 水始冰，地始冻，**雉入大水为蜃**。 |
| 小雪 | **11月22或23日**
雪量不大，无法形成积雪 |  | **虹藏不见**，天气上腾，地气下降，闭塞而成冬。 |

十二月

| 大雪 | **12月6、7或8日**
打雪仗、堆雪人 |  | 鹖旦不鸣，虎始交，**荔挺生**。 |
| 冬至 | **12月21或22日**
白天最短，夜晚最长 | | 蚯蚓结，**麋角解**，水泉动。 |

一月

| 小寒 | **1月5、6或7日**
天寒地冻北风吼 |  | 雁北乡，**鹊始巢**，雉始雊。 |
| 大寒 | **1月20或21日**
天气最冷 | | 鸡乳，**征鸟厉疾**，水泽腹坚。 |

计时方法和工具

小朋友，你注意过吗，在我国，年份除了数字，还有其他说法，例如2022年又叫壬寅年，2023年又叫癸卯年。什么是"壬寅""癸卯"呢？

"壬寅"和"癸卯"都是干支。干支由天干和地支组成，天干有十个，分别是甲、乙、丙、丁、戊（wù）、己、庚、辛、壬（rén）、癸（guǐ）；地支有十二个，分别是子、丑、寅（yín）、卯（mǎo）、辰、巳（sì）、午、未、申（shēn）、酉（yǒu）、戌（xū）、亥（hài）。将十个天干与十二个地支循环组合，可以得到六十个不同的干支。

天干	甲	乙	丙	丁	戊	己	庚	辛	壬	癸	甲	乙	丙	丁	……
地支	子	丑	寅	卯	辰	巳	午	未	申	酉	戌	亥	子	丑	……

天干与地支的配对规则

干支是我国古代的一套十分重要的符号系统，主要用来记录时间，有时也用来记录方位。我国早在商朝就用干支来纪日，后来又用来纪月、纪时。现在的1天有24个小时，古代的1天则有12个时辰，1个时辰相当于现在的2个小时。

你发现了吗？十二时辰的名字就是来源于十二地支哦！

古代『十二时辰』

时 辰	对应时间	别 称
子 时	23:00—1:00	夜半
丑 时	1:00—3:00	鸡鸣
寅 时	3:00—5:00	平旦
卯 时	5:00—7:00	日出
辰 时	7:00—9:00	食时
巳 时	9:00—11:00	隅（yú）中
午 时	11:00—13:00	日中
未 时	13:00—15:00	日昳（dié）
申 时	15:00—17:00	晡（bū）时
酉 时	17:00—19:00	日入
戌 时	19:00—21:00	黄昏
亥 时	21:00—23:00	人定

科技

从黄昏的戌时，到次日清晨的寅时，一共是5个时辰，这5个时辰在古代分别称为一更、二更……五更。人们常说的"半夜三更"，指的就是跨夜的子时。

好困啊，几更了？

快三更了。

十二生肖

现在，人们已经很少用干支来纪月、纪日、纪时了，但仍在使用干支纪年。干支纪年是从东汉时期开始的。俗话说"六十年一甲子"，这是因为在干支的60种组合里，甲子是第一个，从甲子到癸亥，正好60年。

"子鼠、丑牛、寅虎、卯兔……"你发现了吗？十二生肖也是和十二地支一一对应的。2022年是壬寅虎年，2023年是癸卯兔年，那2024年是什么年呢，你能计算出来吗？

古代计时工具 在没有钟表、手机的年代，古人通过多种计时工具来知晓时间。

guǐ
晷面上有刻度，晷针的影子可以投在晷面的刻度上。

日晷 我国古代比较普遍使用的计时仪器，主要根据日影的位置来确定当时的时辰和刻数。

水流均匀地从最上面的壶流入最下面的壶，使浮箭稳定上浮。

漏刻 漏指带孔的壶，刻指附有刻度的浮箭。浮箭在最下面的受水壶中，随水位上浮，从而指示时间。

二十八星宿

古人在很久之前就开始观察天象，他们仰望天空的时候发现太阳、月亮、五星（金星、木星、水星、火星、土星）时刻在运动，没有办法掌握运行规律。于是，古人把天上的恒星分组，几个一组，每组定一个名称，这样的恒星组合叫星官。在许多星官中，有一组著名且重要，便是三垣二十八宿。

三垣二十八宿

"垣"是围墙的意思，"宿"是宿舍，象征着月亮每夜留宿在此处。

三垣

太微垣、紫微垣、天市垣。

二十八宿

古人往往把星空和神话故事联系起来，在《西游记》中，二十八星宿就以神仙的形象出现过。小朋友，你心目中的二十八星宿是什么样子的呢？

东方七宿　角，木蛟　　亢，金龙　　氐，土貉　　房，日兔　　心，月狐　　尾，火虎　　箕，水豹

北方七宿　斗，木獬　　牛，金牛　　女，土蝠　　虚，日鼠　　危，月燕　　室，火猪　　壁，水貐

西方七宿　奎，木狼　　娄，金狗　　胃，土雉　　昴，日鸡　　毕，月乌　　觜，火猴　　参，水猿

南方七宿　井，木犴　　鬼，金羊　　柳，土獐　　星，日马　　张，月鹿　　翼，火蛇　　轸，水蚓

农业生产

农书

在我国的文化典籍中，专门的农书有300多种。其中，西汉的《氾胜之书》、北魏的《齐民要术》、元朝的《王祯农书》、明末的《农政全书》被称为"中国古代四大农书"。

《氾胜之书》是目前留传下来最早的农书，由西汉氾胜之写成，共18篇，提出了农业生产中的耕作、改良和利用地力、施肥、灌溉、除草和收获等内容，并对每个环节做出了说明。

《齐民要术》由北魏的贾思勰写成，建立了较为完整的农学体系，是一部农学百科全书。

《王祯农书》全面系统地解释了农业生产的内容和范围，是一本综合性农书。

农田水利工程

沟渠工程

战国时期李冰主持修建的都江堰工程、战国时期郑国主持兴建的关中平原上的郑国渠都是典型的渠系工程。

陂塘工程

利用自然地势，经过人工整理的贮水工程，主要功能是蓄水溉田。

海塘工程

沿海人民为防御潮水灾害而修建的江海堤防。

《农政全书》的作者是明末科学家徐光启。全书共60卷、70多万字，主要包括农政思想和农业技术两大方面。《农政全书》不仅对我国古代的农学成就做了系统总结，而且提出了许多新的思想。

农业生产工具

把低处的水引向高处的引水灌溉工具
龙骨水车、高转筒车等。

耕具 耒耜、耕犁等。

播种农具 耧车。

除草农具 铲、锄。

收获农具 镰。

井灌

利用地下水的一种工程式。坎儿井是新疆地区利用天山、阿尔泰山、昆仑山上融化的雪水经过山麓渗漏入砾石层的潜水而灌溉的一种独特形式。

生活工具

夏朝

耒耜

扫帚

夏朝人发明了扫帚，起初用羽毛，后来用植物制成。

商朝

牛车

墨斗

雨伞

西周

鼎

煮食物的"大锅"，后来也成为了祭祀中的礼器。

春秋

锯子

鲁班

鲁国人，木匠师祖，出色的发明家。他发明了墨斗、锯和雨伞等工具。

战国

铁制农具

1　2　3　4　5

6　7　8　9

算筹

用小木棍来表示数字，并进行计算。

秋千

据记载，秋千起源于春秋时北方的山戎。

秦朝

商鞅方升

铜权

汉朝

记里鼓车

路程记录仪，车每走1里，小人就会敲一下鼓。

耧车

播种农具。

水碓

一种用水力舂米（粮食去壳）的器械。

分格鼎

相当于火锅，可以同时烹煮不同的肉食。

胡床

坐具，从游牧民族传入中原。

龙骨水车

灌溉农具。

三国

指南车

车上铜人可指方向。

唐朝

筒车

曲辕犁

宋朝

太师椅

元朝

转轮排字盘

元朝科学家王祯改进了活字印刷术。

纺织工具

纺织，顾名思义，指的是纺纱和织布。纺织机具在历史上经历了两次飞跃，第一次是手工纺织，第二次是动力机器纺织。我们今天穿的衣服大多都是机器织出来的，你能想象古人是用什么工具来织自己的衣服吗？

原始腰机

新石器时期，已有腰机。织造时，织工席地而坐，以身体作机架，两脚蹬着经轴，腰上缚着卷布轴，手提综杆，再投梭打纬，进行织布。

纺锤

纺纱、纺线、纺麻线的工具，由纺轮和锤杆组成。

骨针

远古时期，人们把动物的骨头磨成针，将植物的茎叶纤维作为线，连接兽皮、树叶遮身御寒。

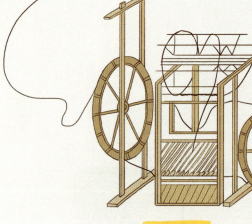

大纺车

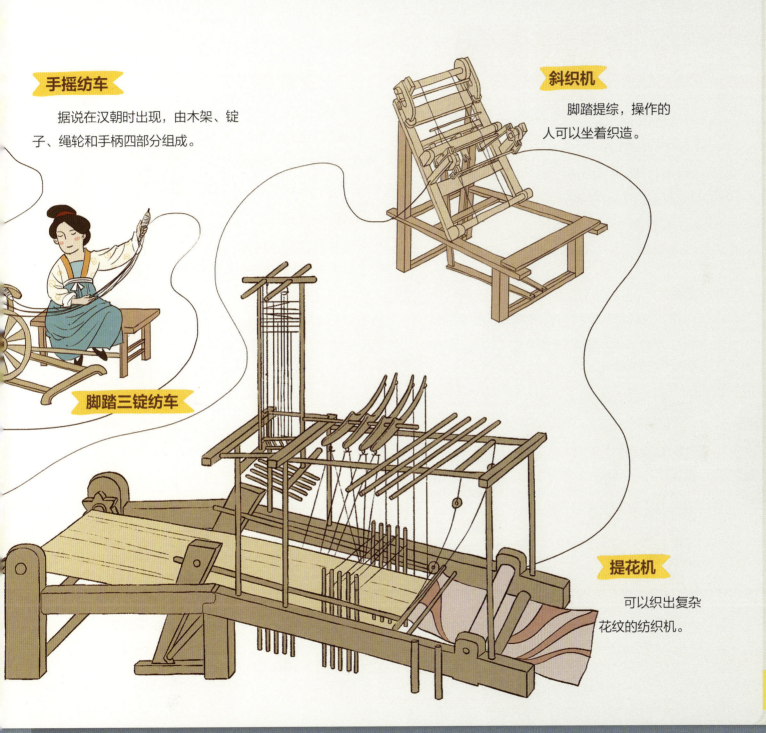

手摇纺车

据说在汉朝时出现，由木架、锭子、绳轮和手柄四部分组成。

斜织机

脚踏提综，操作的人可以坐着织造。

脚踏三锭纺车

提花机

可以织出复杂花纹的纺织机。

纺织原材料

说到纺织产品，得先介绍原材料。我国采用的纺织原料有葛、麻、棉花和丝。新石器时期已有葛布和苎麻布，麻和葛是商周时期最主要的纺织原料。

苎麻

苎麻是优良的纺织原料，也是我国的特产，欧洲人称苎麻为"中国草"。汉朝时已可将苎麻精细加工。

大麻

大麻织物叫布，古代管老百姓叫"布衣"，可见古人穿的多为大麻布。

葛

葛藤可以用来捆东西，葛的纤维可以织出纺织物。用水煮葛，脱胶之后，剥皮上机。

麻

不同种类的麻可以织出不同的纺织物。苘麻纤维硬，不怕水泡，能做船上的缆索、渔网，也拿来做牛衣和雨衣。

亚麻

西方古代最长用的麻类是亚麻，埃及人穿的就是亚麻。张骞出使西域时带回亚麻籽，我国各地才开始种亚麻。

棉花

棉花是从国外传到我国的。西汉时，非州棉最先进入我国；南北朝时，来自印度的亚洲棉又传入我国。

棉花的种植和纺织过程

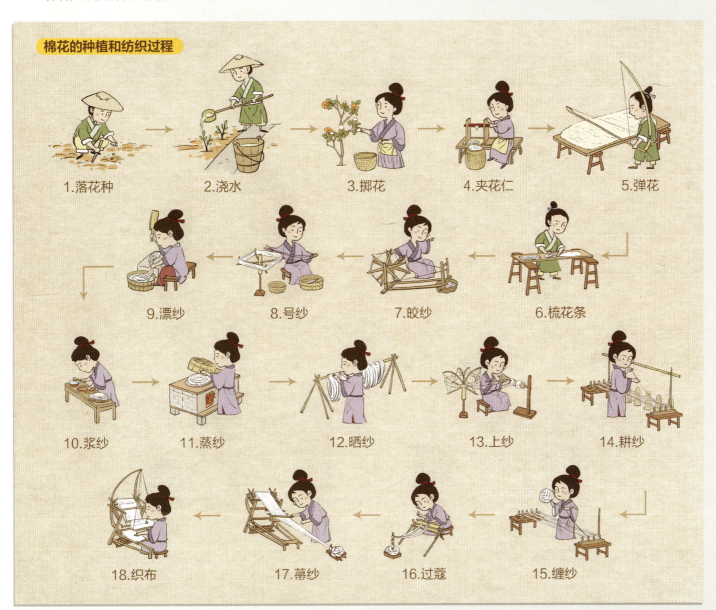

1. 落花种
2. 浇水
3. 掷花
4. 夹花仁
5. 弹花
6. 梳花条
7. 皎纱
8. 号纱
9. 漂纱
10. 浆纱
11. 蒸纱
12. 晒纱
13. 上纱
14. 耕纱
15. 缠纱
16. 过蔻
17. 蒂纱
18. 织布

纺织品

丝绸

我国是世界上最早养蚕和生产丝织物的国家，新石器时代的人们已经会养蚕缫丝了。

古代养蚕和丝绸生产的全过程

1.养育蚕种

2.把蚕种放在大托盘上

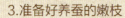

3.准备好养蚕的嫩枝

4.待蚕长大结茧后，收起蚕茧

5.称量蚕茧的重量

6.蒸煮蚕茧

7.将煮好的蚕茧纺出蚕丝

8.用织布机织丝绸

云锦

云锦用金线、银线、铜线及蚕丝、绢丝，各种鸟兽羽毛等用来织造，因色泽灿烂、美如天上云霞而得名。云锦也有"寸锦寸金"之称。

兵器

兵器

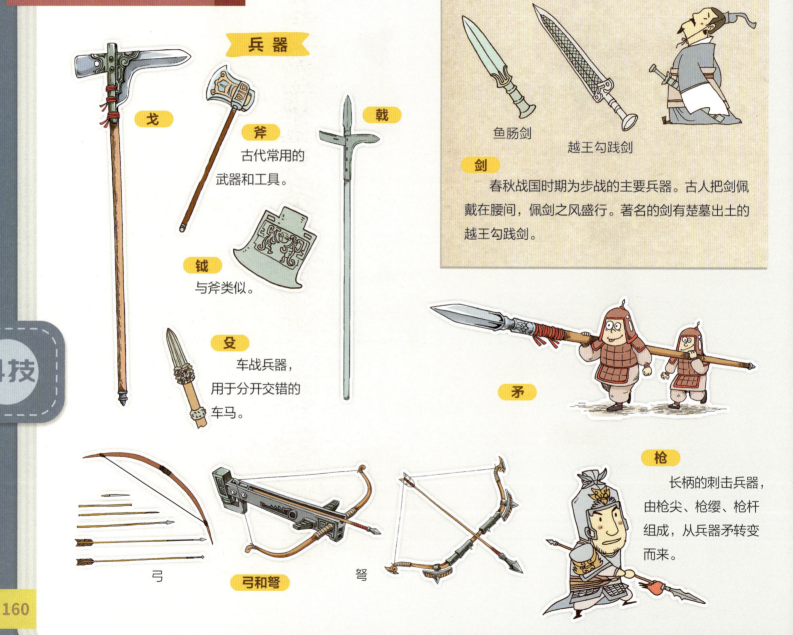

戈

斧
古代常用的
武器和工具。

钺
与斧类似。

殳
车战兵器，
用于分开交错的
车马。

戟

剑
春秋战国时期为步战的主要兵器。古人把剑佩
戴在腰间，佩剑之风盛行。著名的剑有楚墓出土的
越王勾践剑。

鱼肠剑　　越王勾践剑

矛

枪
长柄的刺击兵器，
由枪尖、枪缨、枪杆
组成，从兵器矛转变
而来。

弓　　弓和弩　　弩

科技

攻城守城器械

冲车

钩强

将铁钩往城墙边沿上一搭，士兵能顺着绳子爬上城墙。

火器

火铳

元朝创制的火器，火炮的鼻祖。

红夷炮

明朝为抵御清军进攻而引进的西式大炮。

佛郎机

明朝时由葡萄牙传入中国的火炮。

投石机

需要多人同时拉动才能发射。炮架上的转轴可以自由旋转。

临车

可以居高临下地攻城的战车。

拒马枪

可以阻止敌人前进，多用于防守城门。

吕公车

吕公车被推到城墙下，车内士兵可以与守城的士兵直接交战。

云梯

用来攀越城墙的器械。

科技

中医

中国人民创造出来的传统医学叫作中医。早在原始社会时，中医便产生了；春秋战国时期，中医的理论体系形成；到了西汉，有了"中医"一词。

西医在明末清初传入中国。在这之前，中医一直是中国治病救人的有效手段。

中药

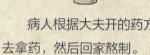

中药起源于中国，多是植物，也有取自动物的药材。

中药讲求煎煮和熬制方法，以充分发挥药效。最好用砂锅小火慢煮，时间按照药材来控制。

鹿茸　人参　当归

病人根据大夫开的药方去拿药，然后回家熬制。

扁鹊

战国时期著名的医生，创立望、闻、问、切四诊法。

华佗

东汉名医，尤其擅长外科，曾用麻沸散实施剖腹手术。他还创编用于强身健体的五禽戏。

张仲景

东汉医学家，被称为"医圣"，他所作的《伤寒杂病论》系统地讲述了伤寒的成病原因和治疗方法，还总结了临床的实践经验。

陶弘景

南朝医药学家。他参考《神农本草经》和《名医别录》，著成《本草经集注》。

他还创造了以病症为纲，把治疗该病症的药物都放在一起的药物分类法。

孙思邈

唐朝医药学家，著有《千金要方》和《千金翼方》，被后人称为"药王"。

李时珍

明朝医学家，被称为"药圣"。他坚持深入民间，上山采药，最终写成《本草纲目》。

著名医生

针灸

针灸包括针法和灸法，是中医特有的治疗手段。针法是将针具按一定角度刺入或按压腧穴、病变部位的方法。

艾灸

另一种灸法也叫艾灸，点燃用艾叶制成的艾灸材料，然后烧灼或温烤人的穴位以达到治病的目的。

推拿

以推、拿、提、捏、揉等手法作用于人体上的经络、穴位。

食疗

在理论指导下，用食物的特性来影响人体各方面的功能。

拔火罐

中国传统疗法，利用燃火、抽气等方法使罐内产生负压，吸附于体表，造成局部瘀血，以达到通经活络、祛风散寒的作用。

望

医生用眼睛观察病人的神、色、形、态、舌苔。

大夫，我……

你怎么不早些来！

闻

医生通过听病人的声音、闻病人的气味来判断病情。

哪里不舒服？

我肚子疼。

问

医生通过询问病人的症状，了解病人家族病史和其他与疾病有关的情况。

切

医生用手触按病人的脉搏和其他有病症或与病症相关的部位。

中国建筑发展史

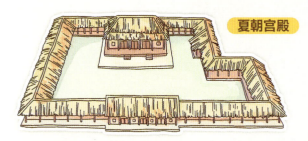

夏朝宫殿

夏商周时期

夏朝已有了宫室、民居和墓葬等建筑。商朝时又为城市添加了壕沟和城墙。到了周朝，王城中有了帝王居所、太庙和社稷坛。战国时期出现了砖和高台建筑。

秦汉时期

秦汉时期的建筑多为木质结构的高台、楼阁和庭院，特征是"高"和"大"。

魏晋南北朝时期

魏晋以前的城池为土筑，东晋时的北方十六国用了包砖。不过这一时期建筑的最大特点是佛教建筑的兴盛。

敦煌莫高窟

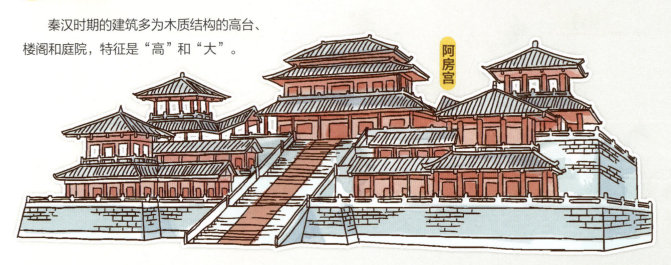

阿房宫

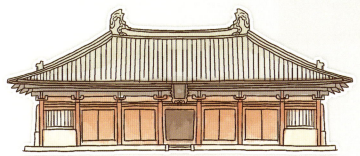

山西佛光寺

隋唐时期的建筑规模宏大，端庄严整。深而长的屋檐与叠瓦脊相结合，舒展朴实。

宋朝

宋朝建筑的体量较小，线条柔美，砖石和木构高层同时发展并结合，出现了殿、台、楼、阁的复杂形式。

苏州玄妙观

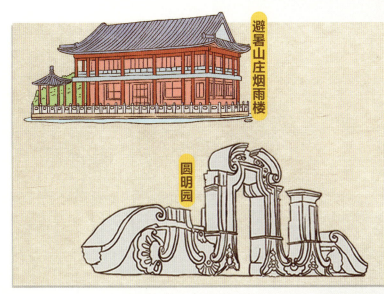

避暑山庄烟雨楼

圆明园

元明清时期

元朝建筑仍然沿袭了汉族传统建筑的风格，在皇宫中加入了蒙古族的传统建筑元素。到了明朝，城市规划和宫殿建筑已十分完善，体现出规模宏大、气势雄伟的特点，并为后代沿用。清朝的都城北京基本保持了明朝的原状，并兴建了大规模的皇家园林。清朝晚期还出现了中西合璧的建筑形象。

古人怎么造房子

《营造法式》是北宋建筑专家李诫编著的中国第一本详细论述建筑工程的官方著作，其中介绍了当时的建筑形制、工程装修做法和施工组织管理等内容。

那我们就给大家介绍几种我国特色的建造技术，一起来看看古人是怎样建造房子的吧！

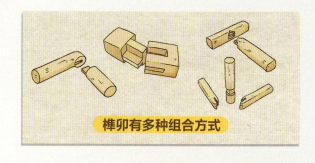

榫卯有多种组合方式

有了榫卯结构，人们不用一枚钉子、一块角铁，就可以建造出亭台楼阁、宫殿庙宇。大同悬空寺、应县木塔、北京故宫……这些都是我国古代木结构建筑的典范，它们运用了复杂的榫卯结构，令人称奇。

建筑结构

榫卯

"大兴土木"的意思是大规模兴建土木工程，多指盖房子。从这个词中我们能看出我国古代一定有不少用木头盖的房子，而盖木头房子一定离不开榫卯结构。

一块木头上有凸起的部分，这就是榫；另一块木头正好有与榫嵌合的凹槽，这就是卯。在两根木材之间凿出对应的榫和卯，就可以把它们严丝合缝地组合在一起，形成的组合既不怕震动，也不怕摇晃。

大同悬空寺

科技

藻井

说的简单点，藻井其实是一种特殊的天花板。遮蔽建筑内顶部的呈穹隆状的部分就是藻井。藻井上每一方格为一井，又绘有花纹、彩画或雕有纹样，因此而得名。在古代，藻井是等级的象征，只有最尊贵的建筑才能使用藻井，主要分布在皇家宫殿、陵寝碑亭等建筑中，比如天坛中的祈年殿。

九龙藻井

祈年殿的顶棚是结构精巧的九龙藻井，上面有金色的龙凤浮雕，十分富丽堂皇。

彩画

说到彩画，我们得提到一个词——"雕梁画栋"，这个词指房屋的华丽的彩绘装饰，常用来形容建筑物富丽堂皇，这个词的字面意思说的正是彩画这种建筑艺术。不过，一开始，彩画也不是为了美，也没有那么强的艺术感，而是为木结构防潮、防腐、防蛀，之后才变得五彩缤纷，绘制山水、花鸟鱼虫等形象，甚至人物故事。

颐和园里有一处长廊，全长728米，有548根柱子，廊间的枋梁上绘有共14000多幅彩画，画中有山水花鸟，还有《红楼梦》《西游记》《三国演义》《水浒传》里的故事。游客从长廊头走到长廊尾，就像在看连环画一般。

屋顶样式

庑殿顶

庑殿顶四面斜坡，有五条屋脊，是我国古代建筑中最高等级的屋顶形式，常用于皇家建筑以及大型寺院、宫观，明清时只有皇家和孔子殿堂才可以使用，比如故宫、孔庙。

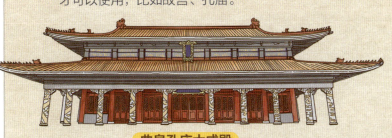

曲阜孔庙大成殿

屋脊样式

歇山顶

歇山顶共有九条屋脊，出现晚于庑殿顶，规格也仅次于庑殿顶。北京天安门，故宫的太和门、保和殿、乾清门的屋顶均为歇山顶。

垂脊

古人一般会在屋脊上装饰神兽，不同的神兽有不用的寓意，数量的多少也和建筑的地位有关。

现存的著名建筑

观星台

登封"天地之中"历史建筑群中的观星台是我国现存最古老的天文台,是元朝天文学家郭守敬组织建造的。整座观星台由覆斗状台体和"量天尺"组成,用以测量日影和夜观极星。

北京故宫

传说北京故宫共有房间9999间半,但经核实,故宫的大小房屋有9371间。故宫像一座座四合院的组合,排列整齐,秩序井然。

赵州桥

赵州桥又名安济桥,始建于595年,建成于605年,迄今已有1400多年的历史,是世界上现存最古老、保存最完好的单孔弧形敞肩石拱桥,被誉为"天下第一桥"。

赵州桥全长64.4米,横跨在37米多宽的河面上。整座桥只有中间一个大拱,没有其他任何梁柱支撑,这在当时是绝无仅有的。

乾清宫

保和殿

太和殿

太和门

午门

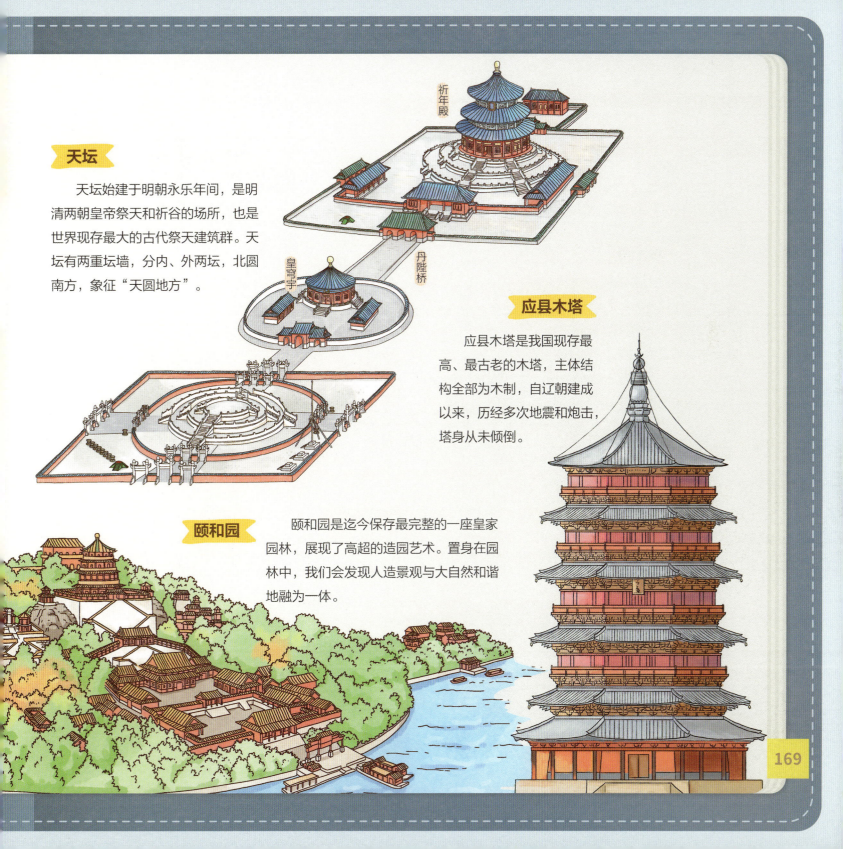

天坛

天坛始建于明朝永乐年间，是明清两朝皇帝祭天和祈谷的场所，也是世界现存最大的古代祭天建筑群。天坛有两重坛墙，分内、外两坛，北圆南方，象征"天圆地方"。

祈年殿

皇穹宇

丹陛桥

应县木塔

应县木塔是我国现存最高、最古老的木塔，主体结构全部为木制，自辽朝建成以来，历经多次地震和炮击，塔身从未倾倒。

颐和园

颐和园是迄今保存最完整的一座皇家园林，展现了高超的造园艺术。置身在园林中，我们会发现人造景观与大自然和谐地融为一体。

交通和交通工具

独木舟

生活在河边或湖边的远古人看到水面上浮着的木头，有了造船的灵感。水上交通成为最早产生的运输方式。《周易·系辞下》中说"伏羲氏刳(kū)木为舟，剡(yǎn)木为楫"，这说明独木舟早已在中国出现。

王亥服牛

夏朝的商部落首领王亥驯化了野牛，发明了牛车，并赶着驮了物品的牛车同外族部落进行交易。

丝绸之路

西汉的张骞出使西域，意中开辟了一条以长安为起经甘肃、新疆，到中亚、西并连接地中海各国的陆上通因为这条路以运输中国出产丝绸为主，所以被称为"丝之路"。

栈道

为了攻打南方的巴国和蜀国，秦国在秦岭上修建了栈道。

远古　先秦　秦汉

奚仲造车

据说，夏朝的工匠奚仲发明出了两轮马车。

"周道"

周武王灭商后，为便于控制新得到的东方的大片领土，在都城镐京（今陕西西安长安）和东都洛邑（今河南洛阳）之间修建了一条宽阔平坦的大道，号称"周道"或"周行"。

秦直道

秦始皇为抵御匈奴的侵扰，命蒙恬一边镇守边关，一边修筑南北大体相对的"直道"。秦直道路面要求尽量取直，以便车马急速驰驶。

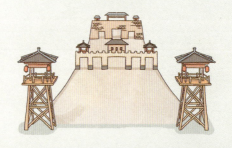

科技

驿路网

隋唐时建立了以京都长安为中心，遍布全国的驿路系统，驿路上的驿铺有传书通信和招待所的双重功能。

海上丝绸之路

秦汉时期打通了以徐□、合浦等港为起点，经□南半岛和南海，穿印度□入红海，最后抵达东非□欧州各国的海上运输通□，即海上丝绸之路。

石拱桥

隋朝工匠李春设计的赵州桥是中国现存最古老的单孔圆弧石拱桥。

郑和下西洋

据记载，郑和的船队远航西太平洋和印度洋，拜访了30多个国家，最远到达非洲东海岸。

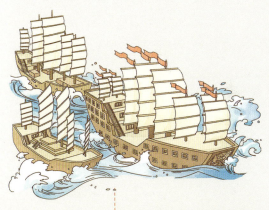

隋唐　　　　　**元明清**

隋唐大运河

隋炀帝为加强南北交通，巩固隋王朝对全国的统治，修建了以洛阳为中心，北至涿郡（今北京），南至余杭（今浙江杭州）的大运河。

京杭大运河

元朝漕运依托京杭大运河，将苏州、无锡一带的粮米运往大都。

三等驿路

清朝把驿路分为三等。官马大路，由北京向各省城辐射；大路，由省城通往地方城市；小路，由各地城市通往各市镇。

火药

燃放鞭炮是春节的传统习俗，人们在噼里啪啦的鞭炮声中，迎来新的一年。你知道鞭炮为什么会发出响声吗？

鞭炮的主要成分是火药，你一定想不到，火药竟然是由炼丹家发明出来的。炼丹家是我国古代特有的一种职业，他们将各种矿物和植物原料，放在炼丹炉里炼制，希望可以炼出长生不老的丹药。

过年喽！

火药

传统火药是黑色的粉末，所以也叫"黑火药"。

硝石　硫黄　木炭

唐朝时，在一次炼丹过程中，炼丹炉发生了爆炸。炼丹家仔细查看后发现硫黄和硝石都是矿石，而马兜铃是一种草药，经过燃烧变成了木炭。这三者组合在一起，成了火药。

炼丹炉为什么会爆炸？

1.硝石的主要成分是硝酸钾，在特定情况下它可以释放出大量的氧气。

2.有了充足的氧气，加热的硫黄和木炭就会剧烈燃烧。

3.硫黄和木炭燃烧时会产生大量的热量和气体，使压力瞬间增加许多倍。

4.在炼丹炉有限的空间里，就会发生爆炸。

到了北宋，军事家们逐渐意识到火药的威力，把火药运用到了战场上。火药正式被命名，也是在宋朝。北宋都城汴京（今河南开封）还有专门生产火药的"火药作"，火箭、火蒺藜等火器在战场上大显身手。

火蒺藜

火箭

震天雷

神威无敌大将军炮

在南宋与金朝的战争中，出现了一种名为铁火炮的火器。这种火器是在铁罐子里装满火药，在战场上直接抛掷使用，威力巨大，爆炸时声大如雷，所以又叫"震天雷"。

到了明朝，朝廷设立了一支专门使用火器的军队，名叫"神机营"。神机营的士兵手持三眼火铳（chòng），可以说是明朝的特种部队。

三眼火铳

神机营士兵

明朝中期开始，陆续出现了多种火炮。清朝前期更是出现了"神威无敌大将军炮"，这种炮曾在1685年至1687年的雅克萨之战中大显神通。

中国是最早发明火药的国家，13世纪，火药传到阿拉伯地区；大约在13世纪后半期，火药经阿拉伯地区传入欧洲；到了14世纪，铁炮已在欧洲各国得以应用。

火药在生活生产和军事中都扮演了重要的角色，同时火药的发明也大大推动了历史的发展进程。

印刷术

经文两份，药方三份……

我们现在使用的课本、读的书籍都是印刷品。印刷机一开，成千上万本图书很快就能制作完成。可是，在没有印刷机的古代，古人的书都是怎么来的呢？

最早的书是用手写的，而最原始的"印刷术"，其实就是手抄。古代有专门以抄书为职业的人，但手抄毕竟速度慢，而且容易出现错误。

最早的"印刷术"——手抄

印章

石碑拓印

后来，受到印章的启发，人们开始用拓印碑刻的方式来复制文字：将湿纸覆盖在石碑上，用刷子轻轻拍打，将纸压入每一处凹陷的刻痕（即文字部分），待纸稍干后，再用沾着墨的棉包轻轻拍打，这样纸就会在凹陷的地方留白，形成黑底白字的拓片。

到了唐朝，文化空前繁荣，人们对书本的需求量也越来越大，手抄和拓碑已经无法满足社会的需求，于是，雕版印刷就应运而生了。

还是自己的诗好啊！

唐朝诗人白居易就出过自己的雕版印刷诗集。

白居易

雕版印刷是怎么进行的？

1.将写好字的纸反着贴在木板上。

2.阳刻（形状突起）文字。

3.往刻板上刷墨。

4.将空白纸压到刻板上。

5.印刷完成。

雕版印刷大大提高了印刷速度，据说匠人一天可以印出几千页呢！因为雕版印刷的流行，唐朝很多文人雅士都印过自己的诗集、文集。

不过，雕版刻字的时候匠人需要格外小心，因为只要有一笔刻错，整块版就作废了，只能重刻。而且，木质雕版也很容易磨损变形，要经常更换。

我又刻错了！

怎么才能更省时省力呢？

毕昇

雕版匠人的"痛"——刻错字

到了北宋时期，有个叫毕昇(shēng)的雕版印刷匠人，想到一个好办法：如果把文字都雕刻在单独的小块上，需要印的时候把相关的文字块按顺序拼在一块板上，印完了再拆开，那不是省时又省料吗？

毕昇的这个发明就是活字印刷术。除了将原本固定的字变"活"，毕昇还用胶泥代替木头刻字，这样烧制出来的胶泥字结实耐用，不易磨损变形。

毕昇发明的活字印刷术要比欧洲早400多年，直到15世纪中期，德国人古登堡才发明了铅活字印刷。现在我们可以看这么多书，认识这么多字，全都多亏了古人的智慧啊！

活字印刷是怎么进行的？

1.在胶泥上刻字，每块胶泥刻一个字，然后用火烧制。

2.准备铁板和铁框，铁板上放松脂、石蜡，加热融化。

3.在铁板上按顺序一个一个地排好活字，趁松脂、石蜡还没有凝固时，迅速将活字压平。

4.凝固后的铁板和活字成为一个整体，就可以用来印刷了。

5.印完以后，再次融化松脂、石蜡，就可以取下活字，等待下次使用。

造纸术

生活中随处可见的"纸"

书、本、纸箱、卷纸、包装纸等物都是用纸做的，但你知道纸是怎么来的吗？

我国古代记录文字的载体

甲骨　青铜器　石头　五岳独尊　竹简　绢帛

在纸出现之前，我们的祖先将文字刻在龟甲或兽骨上，这就是甲骨文。后来，古人又将文字记录在青铜器、竹简、绢帛等物品上，但青铜器和竹简比较笨重，而绢帛又过于昂贵。

到了西汉时期，纸出现了。将纸浆浇在模具上，定型后揭下来晾干，这就是"浇纸法"造纸。不过，用这种方法造的纸，表面比较粗糙，只能用作包装纸，不便写字。

东汉时，蔡伦改进了这种造纸术，发明了"抄纸法"。这种"抄"出来的纸，表面光滑，方便书写，而且价格便宜。从此，识字读书，对于普通百姓来说不再是一件遥不可及的事情。

造纸术在当时可以算得上是高科技了！

蔡伦

蔡侯纸的制作原料

破渔网　树皮　竹子　破麻布

蔡伦造纸，用的是树皮、竹子、破渔网等简单易得的材料，所以纸的产量大、价格低。后来，蔡伦被封为龙亭侯，用他发明的方法造的纸，也被称为"蔡侯纸"。

中国是世界上最早发明造纸术的国家。1500～1700年前，造纸术传入东南亚，后来又传到欧洲。如今，我们的生活已经离不开纸了。小朋友，看看你的周围，哪些东西是用纸做的？

到了唐朝，工艺更复杂、用料更考究的宣纸出现了，主要用于书法和绘画。

一张纸的诞生

1.斩竹漂塘

砍下竹子，放入水中浸泡，然后捣碎。

碎料上面用大石头压住，可以加速煮烂。

2.煮楻足火

把碎料放入大锅中煮，直到煮成纸浆。

3.荡料入帘

等纸浆冷却，用竹帘把纸浆捞起来，过滤水分，做成纸膜。

4.覆帘压纸

把纸膜一张张叠好，用木板和石头压紧，把水分压出来。

5.透火焙干

把压到半干的纸膜贴在炉火边上，烘干后揭下来，纸就做成啦！

177

指南针

如果迷路了，我们可以用手机定位导航，如果手机没有信号，我们也可以通过观察太阳和北极星的位置等方法辨别方向。那古人又是怎样辨别方向的呢？

白天，太阳从东方升起，在西方落下。

到了晚上，古人可以通过北斗七星找到北极星，北极星所在的方向就是北方。

可是天有不测风云，天气不好的时候，我们在白天看不到太阳，在晚上也找不到北极星，怎么办呢？这时候，我们就可以拿出一个外形简单却很神奇的工具——指南针了。

磁针

地球磁极

现代指南针

两块不同的磁铁，不同的两极会出现吸力

指南针为什么可以指示南北呢？原来，指南针的磁针是用磁石或磁铁打磨而成的。每块磁石或磁铁的两端都有不同的磁极，一头是S极，另一头是N极。而地球本身也是一个大磁场，南极是S极，北极是N极。磁针的两极被地球磁场吸引，从而分别指向南方和北方。

根据记载，早在战国时期，我国就出现了类似指南针的仪器——司南。司南就像一个大勺子放在一个光滑的托盘上，拨动勺柄。勺柄停住时，所指示的方向就是南方。

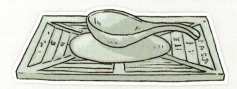

司南

科技

指南鱼

到了宋朝，人们发明了"指南鱼"。指南鱼是木头做的，"鱼"的肚子里有磁石，嘴里插着一根针。因为磁石的S极朝外，所以只要把"鱼"放在水里，"鱼"嘴里的针就会始终指向南方。

到了明朝，出现了升级版的指南针——罗盘。罗盘将一个圆划分为24个区域，这样一来，就比仅仅指示南北方向要详细精准多了。

罗盘被广泛地应用于航海，因为航海对指引方向的仪器的精准度要求很高，在海上只要方向稍微差一点，就可能造成船只偏离航道很远。明朝航海家郑和就是在罗盘的指引下完成了他的7次远航。郑和还设置了"火长"职位，专门负责管理罗盘。

后来，指南针传入欧洲，在大航海时代发挥了巨大作用。哥伦布、麦哲伦等著名航海家，都是靠指南针的指引完成了航海的壮举。

罗盘

诗 经

近体诗形成前，除楚辞外的各种诗歌体裁，都可以称为古体诗。古体诗的句子可以整齐划一为四言、五言、六言、七言，篇幅长短不限，格律自由，不求对仗、平仄。

《诗经》——中国最早的诗歌总集

《诗经》内容丰富，反映周朝初期到春秋时期中叶的社会生活。相传，其中的诗歌是朝廷设置的采诗官摇着木铎采集而来的。

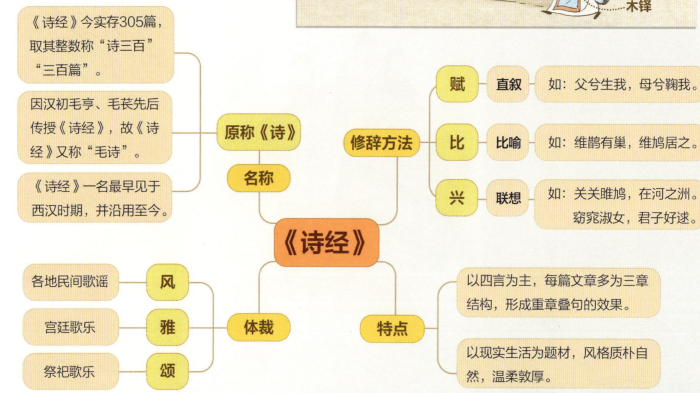

《诗经》今实存305篇，取其整数称"诗三百""三百篇"。

因汉初毛亨、毛苌先后传授《诗经》，故《诗经》又称"毛诗"。

《诗经》一名最早见于西汉时期，并沿用至今。

原称《诗》

名称

《诗经》

各地民间歌谣 — 风

宫廷歌乐 — 雅 — 体裁

祭祀歌乐 — 颂

赋 — 直叙 — 如：父兮生我，母兮鞠我。

修辞方法 — 比 — 比喻 — 如：维鹊有巢，维鸠居之。

兴 — 联想 — 如：关关雎鸠，在河之洲。窈窕淑女，君子好逑。

特点

以四言为主，每篇文章多为三章结构，形成重章叠句的效果。

以现实生活为题材，风格质朴自然，温柔敦厚。

《诗经》中有许多朗朗上口，被人们传唱至今的著名歌谣。《蒹葭》就是一首年轻小伙子寻找爱人的歌谣。

jiān jiā
《蒹葭》(节选)

蒹葭苍苍，白露为霜。

所谓伊人，在水一方。

sù
溯洄从之，道阻且长。

溯游从之，宛在水中央。

《桃夭》是一首祝贺年轻姑娘出嫁的诗。周朝有在桃花盛开时，姑娘出嫁的习俗。

《桃夭》

zhuó
桃之夭夭，灼灼其华。

之子于归，宜其室家。

fén
桃之夭夭，有蕡其实。

之子于归，宜其家室。

zhēn
桃之夭夭，其叶蓁蓁。

之子于归，宜其家人。

骚 体

屈原

骚体，亦称楚辞体。骚体诗，指屈原所作《离骚》一类的诗。

文学

名称由来	西汉刘向把屈原、宋玉等人的作品汇编为《楚辞》一书。其中最著名的是屈原的《离骚》，因而"楚辞"也被称为"骚体"。		
时　代	战国末年—汉	地域	南方长江流域
特　色	**句式变化：**以六、七言为多，多带有"兮""些"等语气词。 **楚地特色：**大量引用楚地特有的风土产物，并融合楚地神话。 **比兴手法：**以灵修、美人比喻君王，以善鸟、香草、龙凤比喻忠贞贤能之士等。		
作品内容	**《离骚》**叙述屈原的家世出身和政治理想，倾吐了诗人的爱国信念和苦闷心情。 **《九歌》**吸取楚地民间的神话故事写成的祭歌。 **《天问》**全篇由四言的疑问句组成，对自然现象、神话传说和古代史事提出疑问，表现了屈原追求真理的精神。		
影　响	**促进七言发展：**骚体打破《诗经》四言的格式，创作出七言的体裁。 **浪漫主义精神：**骚体幻想奇特，手法夸张，影响唐朝诗人李白、李贺等人的诗歌，以及后来的志怪小说。 **开汉赋之先河：**汉赋中经常使用的铺张手法、问答形式等都承楚辞而来。 **影响骈文形式：**骈文重视辞藻华丽、对偶工整，是受楚辞风格影响。		

离骚 （节选）

朝发轫于苍梧兮，夕余至乎县圃。

欲少留此灵琐兮，日忽忽其将暮。

吾令羲和弭节兮，望崦嵫而勿迫。

路漫漫其修远兮，吾将上下而求索。

九歌·山鬼 （节选）

若有人兮山之阿，被薜荔兮带女萝。

既含睇兮又宜笑，子慕予兮善窈窕。

乘赤豹兮从文狸，辛夷车兮结桂旗。

被石兰兮带杜衡，折芳馨兮遗所思。

九歌·山鬼

四言、五言和七言

汉朝

五言诗

五言诗产生于西汉，成熟于东汉末年，其代表是《古诗十九首》。

魏晋

四言诗

早在先秦歌谣中，便已经有四言诗了。到了东汉末年，社会动荡，思想自由开放，极大促进了当时文学的发展。这一时期形成中国文学史上第一次诗歌的创作高潮。曹操的诗歌慷慨悲凉，既反映了动乱的社会现实，又吐露了渴望建功立业，统一天下的壮志。

迢迢牵牛星

迢迢牵牛星，皎皎河汉女。

纤纤擢素手，札札弄机杼。

终日不成章，泣涕零如雨。

河汉清且浅，相去复几许？

盈盈一水间，脉脉不得语。

曹操

短歌行 （节选）

[东汉]曹操

对酒当歌，人生几何？譬如朝露，去日苦多。

慨当以慷，忧思难忘。何以解忧？唯有杜康。

文学

唐朝

七言诗

唐朝时，七言诗大量出现。

八月十五夜赠张功曹 （节选）

[唐]韩愈

赦书一日行万里，罪从大辟皆除死。

迁者追回流者还，涤瑕荡垢清朝班。

州家申名使家抑，坎轲只得移荆蛮。

判司卑官不堪说，未免捶楚尘埃间。

燕歌行 （节选）

[唐]高适

山川萧条极边土，胡骑凭陵杂风雨。

战士军前半死生，美人帐下犹歌舞。

大漠穷秋塞草腓(féi)，孤城落日斗兵稀。

身当恩遇常轻敌，力尽关山未解围。

乐府诗

文学

乐府原初设于秦，于西汉正式成立，是古代管理音乐的机构，掌管朝廷宗庙祭祀、宫廷宴饮上所用的音乐，也为文人创作的朝廷所用的诗谱曲，还负责采集诗歌民谣。

江南
汉乐府

江南可采莲，

莲叶何田田。

鱼戏莲叶间。

鱼戏莲叶东，

鱼戏莲叶西，

鱼戏莲叶南，

鱼戏莲叶北。

魏晋南北朝时期，乐府由机关名称变为一种带有音乐性的诗体的名称。无论是汉乐府还是南北朝乐府，都保存在宋朝郭茂倩编写的《乐府诗集》中。汉乐府诗《孔雀东南飞》和北朝民歌《木兰诗》合称"乐府双璧"。

北朝乐府大多收录在《乐府诗集·梁鼓角横吹曲》中。鼓角横吹是军乐，因演奏的乐器有鼓和号角，因此得名。鼓角横吹也用于仪仗、典礼和娱乐等场合，陆续传到南方，由梁朝的乐府机关保存下来。

北朝乐府有着鲜明的特点，豪迈雄壮，多表现战争生活、北国风光及北方民族粗犷的个性。

木兰诗 （节选）
北朝乐府

唧唧复唧唧，木兰当户织。

不闻机杼声，唯闻女叹息。

问女何所思，问女何所忆。

女亦无所思，女亦无所忆。

昨夜见军帖，可汗大点兵，

军书十二卷，卷卷有爷名。

阿爷无大儿，木兰无长兄，

愿为市鞍马，从此替爷征。

……

万里赴戎机，关山度若飞。

朔气传金柝，寒光照铁衣。

将军百战死，壮士十年归。

归来见天子，天子坐明堂。

策勋十二转，赏赐百千强。

可汗问所欲，木兰不用尚书郎，

愿驰千里足，送儿还故乡。

……

开我东阁门，坐我西阁床，

脱我战时袍，著我旧时裳。

当窗理云鬓，对镜帖花黄。

出门看火伴，火伴皆惊忙：

同行十二年，不知木兰是女郎。

雄兔脚扑朔，雌兔眼迷离；

双兔傍地走，安能辨我是雄雌？

西洲曲 （节选）
南朝乐府

南朝乐府以吴歌和西曲两部分为主，委婉缠绵、清新自然。

采莲南塘秋，莲花过人头。低头弄莲子，莲子青如水。

置莲怀袖中，莲心彻底红。忆郎郎不至，仰首望飞鸿。

鸿飞满西洲，望郎上青楼。楼高望不见，尽日栏杆头。

栏杆十二曲，垂手明如玉。卷帘天自高，海水摇空绿。

海水梦悠悠，君愁我亦愁。南风知我意，吹梦到西洲。

歌行体

"行"是乐曲的意思，歌行体是一种古代诗歌的体裁，属于乐府诗一种，是南朝宋鲍照在乐府诗的基础上创造出的。歌行体的音节、格律很自由，以七言为主，兼用杂言，富于变化。

明朝文学家徐师曾在《诗体明辨》中对"歌""行"及"歌行"作了如下解释："放情长言，杂而无方者曰歌；步骤驰骋，疏而滞者曰行；兼之者曰歌行。"

怎么判断一首诗歌是不是歌行体呢？看诗歌名便可以简单分辨。

以"歌"命名：白居易《长恨歌》、岑参《白雪歌送武判官归京》

白居易在陕西担任县尉，常和朋友到马嵬驿附近游玩，这里是当年杨贵妃被赐死的地方。白居易有感而发，创作了长篇叙事诗《长恨歌》。《长恨歌》讲述了唐玄宗与杨贵妃的故事。

以"行"命名：白居易《琵琶行》、杜甫《兵车行》

宰相武元衡被杀后，白居易奏请速抓凶手，许多官员就落井下石，说他越级奏事，皇帝也趁机将白居易连降四级，流放到了江州做司马。

一天夜里，白居易在江边为朋友饯行，遇到了从长安沦落到江州的歌女，感同身受，挥笔写下了感人至深的名篇《琵琶行》。

琵琶行（节选）

[唐]白居易

我闻琵琶已叹息，

又闻此语重唧唧。

同是天涯沦落人，

相逢何必曾相识。

长恨歌（节选）

[唐]白居易

临别殷勤重寄词，词中有誓两心知。

七月七日长生殿，夜半无人私语时。

在天愿作比翼鸟，在地愿为连理枝。

天长地久有时尽，此恨绵绵无绝期。

杜甫在《兵车行》中用征夫和老人的对话，倾诉着人民对战争的痛恨。

以"歌行"命名：高适《燕歌行》

高适半生征战沙场，写下了不少边塞诗。《燕歌行》是典型的概括边塞战争的诗歌。

燕歌行 （节选）

[唐]高适

边庭飘飖那可度，绝域苍茫无所有。

杀气三时作阵云，寒声一夜传刁斗。

相看白刃血纷纷，死节从来岂顾勋。

君不见沙场征战苦，至今犹忆李将军。

兵车行 （节选）

[唐]杜甫

车辚辚，马萧萧，行人弓箭各在腰。

耶娘妻子走相送，尘埃不见咸阳桥。

牵衣顿足拦道哭，哭声直上干云霄。

道旁过者问行人，行人但云点行频。

不过这只能识别歌行体的一部分作品，名称上不具有"歌""行"二字的也可能是歌行体诗歌，比如张若虚的《春江花月夜》。

春江花月夜 （节选）

[唐]张若虚

春江潮水连海平，海上明月共潮生。

滟滟随波千万里，何处春江无月明！

江流宛转绕芳甸，月照花林皆似霰；

空里流霜不觉飞，汀上白沙看不见。

江天一色无纤尘，皎皎空中孤月轮。

江畔何人初见月？江月何年初照人？

人生代代无穷已，江月年年望相似。

律诗与绝句

近体诗也叫"今体诗"，是唐朝形成的律诗和绝句的通称。近体诗的句数、字数、平仄和用韵等都有严格的规定。

律诗

律诗发源于南朝，于初唐正式定型，成熟于盛唐时期。律诗对格律的要求非常严格。

句数	通常每首八句
字数	整齐划一，多为五言或七言
平仄	用字平仄相间
用韵	全诗通押一韵，限平声韵；第二、四、六、八行押韵，首句可押可不押

学以致用

赋得①古原草送别

[唐]白居易

五言律诗
四句八行

首联　离离②原上草，一岁一枯荣③。

颔联　野火烧不尽，春风吹又生。

颈联　远芳④侵古道，晴翠⑤接荒城。

尾联　又送王孙去，萋萋⑥满别情。

排列整齐

压同一韵脚"ng"，且都为平声（现在说的一声或二声调）

对仗工整

①赋得：古代按指定题目作诗，前面要加"赋得"二字。
②离离：青草茂盛的样子。
③一岁一枯荣：野草每年都会在冬天枯萎，在第二年夏天长出来。
④远芳：草香远播。
⑤晴翠：晴日里的翠绿草原。
⑥萋萋：草木茂盛的样子。

黄鹤楼①

[唐]崔颢

七言律诗

首联　昔人②已乘黄鹤去，此地空余黄鹤楼。

颔联　黄鹤一去不复返，白云千载空悠悠。

颈联　晴川③历历④汉阳树，芳草萋萋⑤鹦鹉洲⑥。

尾联　日暮乡关⑦何处是? 烟波⑧江上使人愁。

对仗工整

压同一韵脚"ou"，且都为平声

①黄鹤楼：古代名楼，今位于湖北武汉。
②昔人：传说中骑鹤飞去的仙人。
③晴川：晴日里的原野。
④历历：分明的样子。
⑤萋萋：形容草木茂盛。
⑥鹦鹉洲：长江中的小洲，在黄鹤楼东北。
⑦乡关：故乡。
⑧烟波：暮霭沉沉的江面。

文学

绝句

绝句有古体绝句和近体绝句两种。每首四句，每句有五个字的称为"五绝"，每句有七个字的称为"七绝"。

古绝句实际上是简短的古诗，产生于律诗之前，南朝梁诗人徐陵的《玉台新咏》中有"古绝句"的名称记载。

古绝句（其三）
佚名

日暮秋云阴，江水清且深。

何用通音信，莲花玳瑁簪。

近体绝句盛行于唐朝，产生于律诗之后，即截取律诗中的两句，所以又叫"截句""断句"。与律诗相比，绝句篇幅短小，对对偶没有严格的要求。

全篇对仗

绝句（其三）
[唐]杜甫

两个黄鹂鸣翠柳，

一行白鹭上青天。

窗含西岭千秋雪[2]，

门泊东吴万里船[3]。

①西岭：西岭雪山，在四川。
②千秋雪：雪山上千年不化的积雪。
③万里船：来自万里之外的船只。

前一句对仗

八阵图
[唐]杜甫

功盖三分国，

名成八阵图。

江流石不转，

遗恨失吞吴。

后一句对仗

静夜思
[唐]李白

床前明月光，

疑是地上霜。

举头望明月，

低头思故乡。

全篇不对仗

回乡偶书二首（其一）
[唐]贺知章

少小离家老大回，

乡音无改鬓毛衰。

儿童相见不相识，

笑问客从何处来。

贺知章上书请求回家养老。唐玄宗恩准了他，还亲自写诗为他送行。贺知章回到家时，家乡的小孩子们完全不认识他，还以为他是外地来的客人。一时间，贺知章感慨万分，将自己的心情化作诗句，写在了《回乡偶书》中。

古人写的"散文诗"

赋的外表像散文，内部又有诗的韵律，是一种介于诗、文之间的文体。

赋的名称最早见于战国时期荀况的《赋篇》，赋作为文体，兴盛于汉唐。司马相如、扬雄、班固和张衡被后世誉为汉赋四大家。

赋的特点 ┬ 描述客观事物
├ 以四言、六言为主，追求骈偶
├ 声律和谐
└ 讲究藻饰和用典

子虚赋（节选）

[汉]司马相如

云梦者，方九百里，其中有山焉。其山则盘纡茀郁，隆崇嵂崒；岑岩参差，日月蔽亏；交错纠纷，上干青云；罢池陂陁，下属江河。

此赋辞藻华丽，表现了汉朝的强大声势和雄伟气魄。

上林赋（节选）

[汉]司马相如

君未睹夫巨丽也，独不闻天子之上林乎？左苍梧，右西极，丹水更其南，紫渊径其北；终始灞、浐，出入泾、渭；酆鄗潦潏，纡馀委蛇，经营乎其内。

司马相如通过描写上林苑的宏大和天子率众狩猎的场面，表现了在汉武帝的统治下汉朝的强盛形象。

阿房宫赋 （节选）

[唐]杜牧

嗚呼！灭六国者六国也，非秦也；族秦者秦也，非天下也。嗟乎！使六国各爱其人，则足以拒秦；使秦复爱六国之人，则递三世可至万世而为君，谁得而族灭也！秦人不暇自哀，而后人哀之；后人哀之而不鉴之，亦使后人而复哀后人也。

赤壁赋 （节选）

[宋]苏轼

苏子曰："客亦知夫水与月乎？逝者如斯，而未尝往也；盈虚者如彼，而卒莫消长也。盖将自其变者而观之，则天地曾不能以一瞬；自其不变者而观之，则物与我皆无尽也，而又何羡乎！且夫天地之间，物各有主，苟非吾之所有，虽一毫而莫取。惟江上之清风，与山间之明月，耳得之而为声，目遇之而成色，取之无禁，用之不竭，是造物者之无尽藏也，而吾与子之所共适。"

古 文

这里说的古文不是我们平时用的文言文的代称，而是相对骈文而言，不讲对偶、声律和排比等的散体文。

文学

车轮印迹混乱，旗帜倒下，确认不是埋伏，可以追击。

古文在历代都有其特点。先秦时期多历史、哲理散文。其中，历史散文记载史事，比如《左传》《战国策》等。

曹刿论战 （节选）

《左传》

既克，公问其故，对曰："夫战，勇气也。一鼓作气，再而衰，三而竭。彼竭我盈，故克之。夫大国，难测也，惧有伏焉。吾视其辙乱，望其旗靡，故逐之。"

哲理散文宣传诸子思想，比如《孟子》《庄子》《韩非子》等。

庄子与惠子游于濠梁之上 （节选）

《庄子》

庄子曰："鲦鱼出游从容，是鱼之乐也。"
惠子曰："子非鱼，安知鱼之乐？"
庄子曰："子非我，安知我不知鱼之乐？"

你又不是我，怎么知道我不知道鱼的快乐？

秦汉时多评论政治的政论文和历史传记，最为人熟知的莫过于司马迁的《史记》。

屈原贾生列传 （节选）

屈原至于江滨，被发行吟泽畔。颜色憔悴，形容枯槁。渔父见而问之曰："子非三闾大夫欤？何故而至此？"屈原曰："举世皆浊而我独清，众人皆醉而我独醒，是以见放。"

到了魏晋南北朝时期，骈文盛行，讲究对偶，文辞华丽。北朝后周的苏绰反对浮华的骈文，仿照《尚书》作《大诰》，以此当作文章的标准题材，当时称古文，就是以先秦散文语言写作文章。

唐朝的韩愈、柳宗元也主张恢复秦汉散文内容充实、自由流畅的特点。韩愈正式提出了"古文"的名称，并为后世沿用。虽然文章的名字复古，其中却包含革新，后被宋朝的欧阳修、苏轼、王安石等人继承和发扬。

《史记》

唐宋八大家

唐宋八大家分别为唐朝的韩愈、柳宗元和宋朝的欧阳修、苏洵、苏轼、苏辙、曾巩、王安石。其中，宋朝的五位都与欧阳修有关系，韩愈、柳宗元则是欧阳修所推崇的古文运动的领袖。

韩愈与柳宗元、欧阳修、苏轼合称"千古文章四大家"，还被尊为"唐宋八大家"之首。韩愈的文章"发言真率，无所畏避"，有气势，说理透彻。

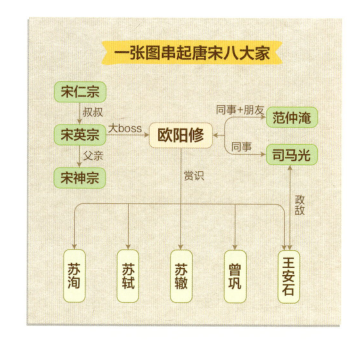

一张图串起唐宋八大家

宋仁宗 —叔叔→ 宋英宗 —父亲→ 宋神宗

宋英宗 —大boss→ 欧阳修

欧阳修 —同事+朋友→ 范仲淹

欧阳修 —同事→ 司马光

欧阳修 —赏识→ 苏洵 苏轼 苏辙 曾巩 王安石

司马光 —政敌→ 王安石

师说（节选）

[唐]韩愈

古之学者必有师。师者，所以传道受业解惑也。人非生而知之者，孰能无惑？惑而不从师，其为惑也，终不解矣。生乎吾前，其闻道也固先乎吾，吾从而师之；生乎吾后，其闻道也亦先乎吾，吾从而师之。吾师道也，夫庸知其年之先后生于吾乎？是故无贵无贱，无长无少，道之所存，师之所存也。

欧阳修非常不喜欢为了对仗硬凑字数和韵脚，内容却读不懂的文章，他认为写文章应该贴近生活、反映现实，文字自然流畅。

醉翁亭记 （节选）

[宋]欧阳修

山行六七里，渐闻水声潺潺，而泻出于两峰之间者，酿泉也。峰回路转，有亭翼然临于泉上者，醉翁亭也。作亭者谁？山之僧曰智仙也。名之者谁？太守自谓也。太守与客来饮于此，饮少辄醉，而年又最高，故自号曰醉翁也。醉翁之意不在酒，在乎山水之间也。山水之乐，得之心而寓之酒也。

欧阳修很喜欢苏轼的文章，喜欢到在科考时压了苏轼的名次。欧阳修当主考官时，看到一份非常满意的答卷，他觉得这份卷子应该是自家学生曾巩的，但他怕别人说自己偏袒学生，就将其评为第二名，结果这份卷子是苏轼的。

后赤壁赋 （节选）

[宋]苏轼

江流有声，断岸千尺，山高月小，水落石出。曾日月之几何，而江山不可复识矣！予乃摄衣而上，履巉岩，披蒙茸，踞虎豹，登虬龙，攀栖鹘之危巢，俯冯夷之幽宫。盖二客不能从焉。划然长啸，草木震动，山鸣谷应，风起水涌。予亦悄然而悲，肃然而恐，凛乎其不可留也。反而登舟，放乎中流，听其所止而休焉。

骈文和骈文名家

骈文是相对古文而言的，主要特点以四六句式为主，讲究对仗，因句式两两相对，犹如两马并驾齐驱，故得此名。

古文与骈文比较

	古 文	骈 文
代表作	《尚书》《师说》	《谏逐客书》《滕王阁序》
别 称	散文	四六文、骈体文
盛 行	唐朝、宋朝	魏晋南北朝
文章形式	自由不拘	四、六言两两相对
内容特色	朴实无华、行云流水 社会写实、蕴含教化	对仗工整、声韵和谐 辞藻华丽、用典繁多
风 格	文辞流畅、活泼自由	气韵曼妙、情致婉约
名 家	唐宋八大家	南北朝徐陵、庾信、鲍照、初唐四杰、晚唐李商隐

文学

秦朝的文章出现了文字华美、声律铿锵的对偶句，比如李斯的《谏逐客书》。

谏逐客书（节选）

[秦]李斯

是以太山不让土壤，故能成其大；河海不择细流，故能就其深；王者不却众庶，故能明其德。是以地无四方，民无异国，四时充美，鬼神降福，此五帝三王之所以无敌也。

滕王阁序 （节选）

[唐]王勃

时维九月，序属三秋。潦水尽而寒潭清，烟光凝而暮山紫。俨骖騑于上路，访风景于崇阿；临帝子之长洲，得天人之旧馆。层峦耸翠，上出重霄；飞阁流丹，下临无地。鹤汀凫渚，穷岛屿之萦回；桂殿兰宫，即冈峦之体势。披绣闼，俯雕甍，山原旷其盈视，川泽纡其骇瞩。闾阎扑地，钟鸣鼎食之家；舸舰弥津，青雀黄龙之舳。云销雨霁，彩彻区明。落霞与孤鹜齐飞，秋水共长天一色。渔舟唱晚，响穷彭蠡之滨；雁阵惊寒，声断衡阳之浦。

晚唐诗人李商隐自订文集为《樊南甲集》和《樊南乙集》后，骈文又称"四六文"，严格要求平仄对仗，重辞藻、典故、声韵，风靡五代。

魏晋南北朝时，骈文成熟并盛行，文章唯美，多用典故。初唐承六朝遗风，措辞绮丽，相对工整，作品以初唐四杰中王勃的《滕王阁序》最著名。

199

唐传奇

传奇是传述奇闻异事的意思，唐传奇指的就是唐朝流行的文言短篇小说，在魏晋南北朝志人和志怪小说的基础上发展而来的，也多写奇闻异事，但内容更丰富，题材更广泛。

比如代表作品《柳毅传》《莺莺传》《霍小玉传》等，这些故事不再是神仙鬼怪或现实生活中的人物，而是作者虚构的。

《莺莺传》是唐朝文学家元稹创作的，讲的是贫寒书生张生与没落贵族女子崔莺莺的悲剧故事。如果你对此不熟悉，那崔莺莺的婢女你一定知道，就是红娘。红娘传书成就了张生和崔莺莺的姻缘，却没想到却以悲剧结尾。

而王实甫创作的元杂剧《西厢记》便受到了《莺莺传》的影响。

其实，唐传奇对后世文学的创作影响很大，比如元曲名家尚仲贤创作的杂剧《洞庭湖柳毅传书》取材于《柳毅传》，清朝初期洪昇创作的戏剧《长生殿》取材于唐朝陈鸿的《长恨歌传》。

《洞庭湖柳毅传书》讲的是一个关于爱情的神话故事。传说，洞庭湖的龙女远嫁到泾川，却受到丈夫和公婆的虐待。一天，龙女在荒野牧羊，正好遇到路过的书生柳毅，便请柳毅带信到洞庭龙宫。龙女的叔叔钱塘君知道了这件事后，前去营救。龙女回归宫廷后，洞庭君感念柳毅的恩德，便将龙女许配给了柳毅。

什么是词

词是一种可以配乐歌唱的押韵文体，兴起于隋唐时期，到宋朝进入全盛时期。

一张图看懂"词"

地位	宋朝文学代表	
别称	曲子词	先有曲谱，再按调填词
	诗余	由诗演化而来
	长短句	句子长短不一
	倚声	依照词牌或词谱填词
种类	小令	58字以内
	中调	59~90字
	长调	91字以上
格律	1.词的单位是"阕"，词的段落为"片" 2.一阕词通常是"两片"，称"上片（上阕）"和"下片（下阕）" 3.词律规定词的片数、字句、平仄、用韵	
派别	婉约派	李煜、李清照、柳永、周邦彦
		多叙述离情愁思，典丽婉约
	豪放派	苏轼、辛弃疾
		多感怀，寄托抱负，豪放雄壮

词还可以按阕分类

一阕（单调）

如梦令

[宋]李清照

昨夜雨疏风骤，浓睡不消残酒。
试问卷帘人，却道海棠依旧。
知否？知否？应是绿肥红瘦。

二阕（双调）

醉花阴

[宋]李清照

薄雾浓云愁永昼，瑞脑销金兽。
佳节又重阳，玉枕纱厨，半夜凉初透。
东篱把酒黄昏后，有暗香盈袖。
莫道不消魂，帘卷西风，人比黄花瘦。

词配合音乐歌唱，有的按照词来制定曲调，有的依照旧有的曲调来填词，这些用来填词的曲调叫词牌，词的内容和曲调、词牌没有必然的联系。现存词牌有400多种，用的比较多的词牌名有"西江月""菩萨蛮""浣溪沙""沁园春""水调歌头"等。

文学

三阕（三叠）　兰陵王·柳

[宋]周邦彦

柳阴直，烟里丝丝弄碧。隋堤上、曾见几番，拂水飘绵送行色。登临望故国，谁识京华倦客？长亭路，年去岁来，应折柔条过千尺。

闲寻旧踪迹，又酒趁哀弦，灯照离席。梨花榆火催寒食。愁一箭风快，半篙波暖，回头迢递便数驿，望人在天北。

凄恻，恨堆积！渐别浦萦回，津堠岑寂，斜阳冉冉春无极。念月榭携手，露桥闻笛。沉思前事，似梦里，泪暗滴。

四阕（四叠）　莺啼序·春晚感怀

[宋]吴文英

残寒正欺病酒，掩沉香绣户。燕来晚、飞入西城，似说春事迟暮。画船载、清明过却，晴烟冉冉吴宫树。念羁情、游荡随风，化为轻絮。

十载西湖，傍柳系马，趁娇尘软雾。溯红渐招入仙溪，锦儿偷寄幽素，倚银屏、春宽梦窄，断红湿、歌纨金缕。暝堤空，轻把斜阳，总还鸥鹭。

幽兰旋老，杜若还生，水乡尚寄旅。别后访、六桥无信，事往花委，瘗玉埋香，几番风雨。长波妒盼，遥山羞黛，渔灯分影春江宿。记当时、短楫桃根渡，青楼仿佛，临分败壁题诗，泪墨惨淡尘土。

危亭望极，草色天涯，叹鬓侵半苎。暗点检、离痕欢唾，尚染鲛绡，亸凤迷归，破鸾慵舞。殷勤待写，书中长恨，蓝霞辽海沉过雁。漫相思、弹入哀筝柱。伤心千里江南，怨曲重招，断魂在否？

宋词名家

李煜

生 卒 年：937—978年
字 / 号：字重光，
号钟山隐士、莲峰居士等
称　　号：南唐后主、词帝
代表名句：春花秋月何时了？
往事知多少。

975年，宋太祖已经统一了北方。李煜知道南唐根本不是北宋的对手，送了大批金银珠宝前去求饶，还去掉了"唐"的国号，改叫"江南国主"，表明愿意臣服北宋，不当国君了。可宋太祖志在统一天下，本着"卧榻之侧，岂容他人鼾睡"的原则，很快就攻破了南唐都城金陵（今江苏南京），李煜也被抓到北宋的都城汴京（今河南开封）软禁了起来。

李煜在汴京受尽了屈辱，词风也变得凄凉起来。在这首《相见欢》中，充满了他因亡国之痛所产生的孤独与哀愁。

相见欢·无言独上西楼

[南唐]李煜

无言独上西楼，月如钩。
寂寞梧桐深院锁清秋。
剪不断，理还乱，是离愁。
别是一般滋味在心头。

《虞美人》是李煜的绝命词。那天本是他42岁的生日宴，内心苦楚的李煜多喝了几杯酒，乘兴作了这首感怀故国的词。很快，这首词就传到了宋太宗赵光义的耳朵里。愤怒的宋太宗以为李煜有叛逃之心，就派人送去一杯毒酒，赐死了李煜。

柳永

生 卒 年：约987—约1053年

字 / 号：字耆卿
qí

称 号：柳屯田

代表名句：多情自古伤离别，
更那堪，冷落清秋节！

柳永通过科举考试后，因为一首词被宋仁宗勾去了榜上的名字。之后，柳永决定离开京城，便写下了《雨霖铃》，抒发自己在官场上的失意及与恋人分别的悲伤。

虞美人·春花秋月何时了

[南唐]李煜

春花秋月何时了？往事知多少。
小楼昨夜又东风，故国不堪回首月明中。
雕栏玉砌应犹在，只是朱颜改。
问君能有几多愁？恰似一江春水向东流。

雨霖铃·寒蝉凄切 (节选)

[北宋]柳永

多情自古伤离别，更那堪，冷落清秋节！
今宵酒醒何处？杨柳岸，晓风残月。
此去经年，应是良辰好景虚设。
便纵有千种风情，更与何人说？

豪放派

苏轼被调到密州（今山东诸城）任知州后，有一年的中秋时节，独自在外的苏轼思念起了亲人。此情此景令人心生悲凉，为此，苏轼写了一首著名的《水调歌头》。

苏轼

生 卒 年：1037—1101年
字 ／ 号：字子瞻，号东坡居士
称 号："三苏"之一
代表名句：但愿人长久，
　　　　　千里共婵娟。

水调歌头·明月几时有 （节选）

[北宋]苏轼

明月几时有，把酒问青天。
不知天上宫阙，今夕是何年。
我欲乘风归去，又恐琼楼玉宇，高处不胜寒。
起舞弄清影，何似在人间。

苏轼在被贬到黄州（今湖北黄冈）后，还时常去城外的赤壁山散心，并写了一首《念奴娇·赤壁怀古》来怀念三国名将周瑜的英雄豪情。

念奴娇·赤壁怀古

[北宋]苏轼

大江东去，浪淘尽，千古风流人物。
故垒西边，人道是，三国周郎赤壁。
乱石穿空，惊涛拍岸，卷起千堆雪。
江山如画，一时多少豪杰。
遥想公瑾当年，小乔初嫁了，雄姿英发。
羽扇纶巾，谈笑间，樯橹灰飞烟灭。
故国神游，多情应笑我，早生华发。
人生如梦，一尊还酹江月。

辛弃疾

生 卒 年：1140—1207年
字 ／ 号：原字坦夫，改字幼安，
号稼轩居士
代表名句：少年不识愁滋味，
爱上层楼。

辛弃疾生于家乡被金朝占领之时，亲眼目睹了汉人受压迫的悲惨遭遇，立下了要恢复中原，为国报仇的志向，所以他的词中饱含了自己的理想抱负。

破阵子·为陈同甫赋壮词以寄之

[南宋]辛弃疾

醉里挑灯看剑，梦回吹角连营。
八百里分麾下炙，五十弦翻塞外声。
沙场秋点兵。
马作的卢飞快，弓如霹雳弦惊。
了却君王天下事，赢得生前身后名。
可怜白发生！

丑奴儿·书博山道中壁

[南宋]辛弃疾

少年不识愁滋味，爱上层楼。
爱上层楼，为赋新词强说愁。
而今识尽愁滋味，欲说还休。
欲说还休，却道天凉好个秋。

散曲

元曲分为散曲和杂剧两种，都是配着曲子唱的。散曲没有故事情节，类似宋词，比宋词更通俗活泼，也更押韵，唱起来很好听。

名 称	元曲	地 位	元朝文学的代表
起 源	蒙古人向中原传入大量的外族音乐，由于乐器、音调不同，原本的词不能合乐，所以另制新声、新词，即是"曲"		
风 格	语言风格活泼质朴，充满元人自然本色		
字 数	正字+衬字（衬字是曲律规定外另加的字，有时是俚语或方言，让形式更显生动活泼）		
句 数	曲调决定规格		
用 韵	一韵到底，不可换韵		

种 类	散曲	小令（单曲）	调短字少
		套数（今称套曲）	联合"同一宫调"或"曲牌相通"的数曲为一套
	杂剧	曲调急促慷慨	

杰出作家	散曲双璧：张可久、乔吉
	杂剧四大家：关汉卿、白朴、马致远、郑光祖

张养浩

生 卒 年：1269—1329年

字 ／ 号：号齐东野人，晚号云庄老人

职 业：元朝名臣

山坡羊·潼关怀古

[元]张养浩

峰峦如聚，波涛如怒，

山河表里潼关路。

望西都，意踟蹰。

伤心秦汉经行处，

宫阙万间都做了土。

兴，百姓苦；亡，百姓苦。

张可久

生 卒 年：约1280—1348年

字 / 号：字伯远，号小山
（取《词综》里的说法）

成 就：现存小令800多首，是
元曲作家中作品最多的

乔吉

生 卒 年：？—1345年

字 / 号：字梦符，号笙鹤翁，
又号惺惺道人

职 业：元曲作家、落魄文人

折桂令·九日

[元]张可久

对青山强整乌纱。

归雁横秋，倦客思家。

翠袖殷勤，金杯错落，玉手琵琶。

人老去西风白发，蝶愁来明日黄花。

回首天涯，一抹斜阳，数点寒鸦。

朝天子·小娃琵琶

[元]乔吉

暖烘，醉客，逼匝的芳心动。

雏莺声在小帘栊，唤醒花前梦。

指甲纤柔，眉儿轻纵，

和相思曲未终。

玉葱，翠峰，骄怯琵琶重。

杂 剧

杂剧是元朝盛行的一种剧目。那杂剧是怎么表演的呢？

杂剧最常见的剧本结构形式是四折一楔子。"折"相当于现在的"幕"，四折就是起、承、转、合。为了交代情节或贯穿线索，往往在全剧之首或折与折之间，加上一小段独立的戏，称为楔子。

杂剧的角色分为旦、末、净、杂，舞台演出由唱、白、科三部分组成。唱是杂剧的主要组成部分，一本杂剧要唱完四套曲子，而且只能由主角一个人唱；白是剧中人的说白；科指的是主要动作、表情和舞台效果。

杂剧名家

王实甫

生 卒 年：约1260年前—1336年前后
字 / 号：名德信，祖籍河北省定兴县
成　　就：著有杂剧13种。现存《崔莺莺待月西厢记》（简称《西厢记》）《四大王歌舞丽春堂》《吕蒙正风雪破窑记》

西厢记 （节选）

[元]王实甫

碧云天，黄花地，西风紧，北雁南飞。晓来谁染霜林醉？总是离人泪。

《西厢记》源自唐传奇《莺莺传》，但二者的结局不同。《莺莺传》是张生负了莺莺的悲剧。《西厢记》讲述了书生张生与相国小姐崔莺莺在侍女红娘的帮助下，冲破重重阻碍，终成眷属的故事。

关汉卿

生卒年：约1230—约1300年
字 / 号：号已斋叟
成　就：著有67部杂剧，现存18部

窦娥冤·寄生草（节选）

[元]关汉卿

你道他匆匆喜，我替你倒细细愁：
愁则愁兴阑珊咽不下交欢酒，愁则愁眼
昏腾扭不上同心扣，愁则愁意朦胧睡不
稳芙蓉褥。

《窦娥冤》是关汉卿的代表作，讲的
是一个叫窦天章的穷书生把女儿窦娥抵给
蔡婆婆做童养媳。窦娥17岁成婚，当年蔡
婆婆的儿子就死了，一个叫张驴儿的小混
混想毒死蔡婆婆霸占窦娥，却阴差阳错毒
死了自己的父亲。后来，张驴儿把这件事
栽赃给窦娥，昏官不分是非黑白，就把窦
娥治了罪。窦娥满腔冤屈，死前发下誓愿：
如果她是清白的，那她死后就会六月飘雪、
大旱三年。

文学

郑光祖

生 卒 年：1264—？

字 / 号：字德辉

成　　就：著有17种杂剧，现存8种

倩女离魂 （节选）

[元]郑光祖

花有重开日，人无再少年。
休道黄金贵，安乐最值钱。

《倩女离魂》根据唐传奇《离魂记》改编，讲的是张倩女魂魄离体，跟随未婚夫王文举上京赶考。王文举功成名就后，和张倩女一起回家。张倩女这才回归肉体，与王文举成婚。

白朴

生卒年：1226—约1306年

字 / 号：字仁甫、太素，号兰谷

成　　就：所著杂剧现存《梧桐雨》
《墙头马上》两种，留
有词作200余首、散曲
40多首

梧桐雨（节选）

[元]白朴

　　长如一双钿盒盛，休似两股金钗另，愿世世姻缘注定。在天呵做鸳鸯比并，在地呵做连理枝生。月澄澄银汉无声，说尽千秋万古情。咱各办着志诚，你道谁为显证，有今夜度天河相见女牛星。

　　《梧桐雨》全称《唐明皇秋夜梧桐雨》，讲的是唐玄宗李隆基与杨贵妃的故事。与《长恨歌》不同的是，《梧桐雨》的故事结局是李隆基退为太上皇，天天对着杨贵妃的画像哭泣，一天晚上居然梦到与杨贵妃团聚，但雨打梧桐的声音把李隆基惊醒，更添伤感与凄凉。

中国戏剧

戏剧和诗歌、散文、小说一起被称为四大文学创作体裁。中国戏剧的起源要追溯到上古时期崇拜自然和图腾的原始歌舞。这些歌舞已有了戏剧中的一些特征：歌舞、扮演、情节和主题。

既然有了崇拜和祭祀，原始歌舞发展为巫师歌舞。先秦时出现了职业演员——"优"，他们虽不是巫师，但能歌善舞，会滑稽表演。

蔡元培在《中国人的修养》中写道："我国戏剧，托始于古代之歌舞及俳优；至唐而始有专门之教育；至宋、元而始有完备之曲本。"

旧时，戏剧专指戏曲；到了现在，戏剧成为戏曲、话剧、歌剧、舞剧等的总称。

文学

戏曲

戏曲一词最早出现在宋朝，说的是"永嘉戏曲"，也就是后人说的"南戏"。

白兔记 （名句选）

永嘉书会才人

竹离茅舍，前村雪里，问道野梅开未？
待春儿折取一枝，惟有暗香扑鼻。
你看几树老寒梅，冷淡不嫌溪畔静，
精神偏向雪中开。
飞雪徘徊，顷刻妆成银世界，须臾变作玉楼台。
月色更奇哉，惟有暗香来。

《白兔记》又名《刘知远白兔记》，元朝南戏作品，写刘知远和李三娘悲欢离合的故事。刘知远家境贫寒，被财主李文奎收留做佣工，后来娶了李文奎的女儿李三娘。李文奎死后，刘知远夫妻二人遭到李家兄嫂的压迫。刘知远被迫离家投军，李三娘一人在磨坊生下"咬脐郎"，托人送到军中抚养。

16年后，咬脐郎在打猎时跟随一只白兔，在井边与母亲相会，全家团圆。

话剧是19世纪末20世纪初从西方传来的戏剧表演形式，以对话方式为主。演员在舞台上表演，没有伴奏，依靠舞美、灯光等来烘托氛围。话剧的表演内容以剧本创作为基础。并不是只有话剧需要剧本，我们平时看的相声、小品、电影和动画都需要它。剧本长什么样子呢？我们来看看经典儿童剧《马兰花》的剧本吧！

《马兰花》剧本

人物：旁白 小兰 马郎 大兰 王老爹 王老妈 小动物若干（小兔、小猴、小鹿）树公公 黑心狼 小鸟

第一幕

（地点：王老爹家 人物：王老爹、王老妈、大兰、小兰）

旁白：很久很久以前，传说在马兰山顶上住着一位花神，他的名字叫马郎，他在山顶上培植了一朵非常美丽的马兰花。人们传说，这朵花会给勤劳勇敢的人带来幸福，但是啊，谁也没有见过这朵马兰花。马兰山下住着一户人家，王老爹和王老妈，他们有两个女儿，长得一模一样，姐姐叫大兰，好吃懒做，妹妹叫小兰，是个勤劳的好姑娘，小兰很想看到那朵美丽的马兰花，我们的故事就从这里开始……

（舞台提示：小兰和爹爹锄地，小兰唱歌）

……

从《马兰花》剧本来看，剧本的主要内容包括人物、主题、结构和舞台背景等。开头要列出剧本名、时间、地点和人物，整个剧本以对话的形式展现，中间用括号来表示当时的情景，提示当时人物的动作、神态等。

中国古代小说发展史

小说是一种文学体裁，通过塑造人物、叙述故事、描写环境来反映生活、表达思想。人物、情节、环境是小说的三要素。

中国小说发展的过程丰富且漫长。

干将、莫邪
出自《搜神记》

李朝威《柳毅传》

元　稹《莺莺传》

蒋　防《霍小玉传》

白行简《李娃传》

唐传奇

先秦时期

魏晋南北朝

唐朝

志人志怪小说

"小说"一词最早见于《庄子》。这时已有的神话传说、寓言故事和史传文学都对后世小说的创作产生了影响。

这一时期出现了写神灵鬼怪的《搜神记》和记载人物轶事的《世说新语》。

志人小说

刘义庆《世说新语》

志怪小说

干宝《搜神记》

三顾茅庐
出自《三国演义》

《三国志平话》
《大宋宣和遗事》
《大唐三藏法师取经记》

宋元时期

明清时期

宋元话本

话本是宋朝兴起的用通俗语言写的小说，多以历史故事和当时社会生活为题材，也是小说、讲史、说经等说话人的底本。

明清小说

明清是中国小说史的繁荣时期，四大名著产生于这一时期。篇幅类型更多，有长篇的，比如神魔小说《西游记》《封神演义》和历史小说《三国演义》等；也有短篇的，比如凌濛初的《初刻拍案惊奇》和《二刻拍案惊奇》。

明朝	清朝
《三国演义》	《红楼梦》
《水浒传》	《儒林外史》
《西游记》	《老残游记》
《封神演义》	《官场现形记》

中国古代散文的发展历程

散文是一种文学体裁，古代除了诗、词、曲、赋外，不押韵、不注重排比和对偶的散体文章都称为散文，包括经、传、史书。

唐宋时期

先秦时期

汉朝

文学

先秦散文

先秦散文是一种与韵文相对的文体，基本上是哲学、政治、伦理、历史方面的论说文与记叙文，具有较强的文学性。

诸子散文
《论语》《孟子》《庄子》

历史散文
《左传》《战国策》《竹书纪年》

秦汉散文

秦朝存在的时间短暂，文学成就不高，其中较为著名的有李斯的《谏逐客书》。两汉散文以政论文为主。

政论文
李斯《谏逐客书》
贾谊《过秦论》
晁错《论贵粟疏》

史传文
司马迁《史记》
班固《汉书》

唐宋散文

唐宋时期散文的写法越来越多样，产生了不少山水游记、寓言、传记和杂文等作品。

代表作家 唐宋八大家

代表作品
韩愈《师说》
欧阳修《醉翁亭记》

清朝散文

清朝散文的发展主要分为三个阶段：

明末清初 可分为以黄宗羲、顾炎武、王夫之为代表的学人之文和以侯方域、魏禧、汪琬为代表的文人之文。

清朝中叶 散文流派主要为方苞、刘大櫆、姚鼐(nài)为代表的桐城派，随后出现的阳湖派对桐城派有所突破。

鸦片战争前夕 以龚自珍、魏源为代表的启蒙思想家糅合子、史和佛家言，推陈出新。

明朝

明朝散文

明朝散文极为丰富，唐宋派、公安派、竟陵派等流派相继出现。

唐宋派 归有光《项脊轩志》

公安派 袁宏道《雪涛阁集序》

竟陵派 钟惺、谭元春《诗归》

书画

从甲骨文到行书

艺术

220

1.甲骨文

甲骨文记录了3000多年前商朝的政治、经济、军事、文化、自然科学等多方面的信息，是研究商朝社会的宝贵资料。

2.金文

金文是刻在青铜器上的文字，出现在商朝末年。因为周朝以前，铜也被称为金，所以金文也叫"钟鼎文""吉金文字"。

毛公鼎

西周晚期的重器，鼎内壁铸有32行金文，共497字。毛公鼎铭文是现存青铜器铭文中最长的一篇，堪称西周青铜器中铭文之最。

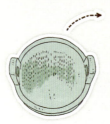

3.籀文 (zhòu)

籀文是古代大篆字的字体，因著录于《史籀篇》而得名。石鼓文是籀文的代表，是春秋战国时期秦国刻在石头上的一种文字。

4.小篆

秦朝统一天下之后，为了统一六国文字，秦始皇听取丞相李斯的意见，制定了统一的字体——小篆。

李斯作小篆

5.隶书

隶书在篆书的基础上发展而成，传说是秦朝书法家程邈创造的。

程邈原是县衙的一个小官吏，犯了渎职罪，被判入狱10年。传说程邈在狱中创造出了隶书。

6.草书

草书大约出现在汉朝初期，是因快写而形成的一种"潦草"字体。主要的草书有三种：章草、今草、狂草。

7.楷书

楷书出现在汉朝末期，"楷"是楷模的意思。楷书是可以作为楷模、规范的字体，也是现在通用的手写正体字。我们今天在学校学习的汉字便是楷书。汉字发展到楷书，标志着汉字的成熟。

8.行书

楷书容易书写，但写起来速度慢；草书写起来虽快，却很难辨认，于是又出现了介于楷书和草书之间的行书。

偏旁部首有规律

汉字造型优美，独特的笔画结构极富表现力，通过笔画线条的粗细浓淡可以体现出书法作品的思想感情。写好汉字可不是一件容易的事，我们要先了解汉字的"身体结构"。

独体字

独体字由笔画组成，是一个整体，难以分开，大多由图画演变而来。它们数量少，却很重要，不仅作为独立的字沿用至今，而且构字能力强，可以作为偏旁来构成新的合体字。

日 月 山 手 本 斤 女

合体字

合体字由两个及两个以上的独体字组成，主要有以下几种结构：

上下结构
花 ← 上
　　← 下

上中下结构
曼 ← 上
　　← 中
　　← 下

左右结构
影
↑ ↑
左 右

半包围结构
可 ←

全包围结构
→ 国 ←
↑

左中右结构
湖
↑ ↑ ↑
左 中 右

除了上面的六种结构，还有一类特殊结构的字，比如爽、噩、夹等。

汉字太难写了，你看我写的对不对。

"落"字写的不对，它是上下结构，不是左右结构。

落 ✗
落 ✓

艺术

偏旁部首

偏旁
部首

东汉文字学家许慎在编写《说文解字》时，把形旁相同的汉字放到一起，并把这种排字方法称为"分别部居"。每"部"的第一个字就是"部首"。

有些偏旁不一定是部首，所以部首的范围小于偏旁。部首在汉字中的位置也并不固定，比如"牛"字旁。

许慎

偏旁

偏旁是合体字的组成部分。古人把左右结构的字的左边叫作"偏"，右边称为"旁"，也就是"左偏右旁"。现在一个字上下左右任何一个部分都叫偏旁。

部首

部首也是偏旁，是用来排列和检索汉字的特殊偏旁。当我们遇到不认识的字时，可以用部首查字法来查字典。

牛在左

牛在上

牛在下

分辨部首口诀

形声取形不奇怪，包围结构都取外。
左右相等左边找，左右不等常取少。
上分下合取下面，其余取上不取下。
独体字形按整体，部首不明取起笔。

伟大的汉字艺术

书法特指以毛笔表现汉字的艺术，展现着中国文化。不同时期的书法作品反映着当时的社会发展和人们的审美，还起着思想交流和文化传承的作用。可以说，书法是华夏的文化瑰宝。然而，书法的发展过程是漫长且不断变化的。

书法中的"五大书体"

中国书法的书体演化经历了一个漫长的历史过程，是伴随着文字的发展而逐步进行的。五大书体是指秦汉时所通行的小篆，起源于战国而盛行于汉代的隶书，源于汉、兴于唐的楷书，形成于汉、变化无穷的草书和介于草书与楷书之间的行书。

小篆		秦朝时通行的小篆，书法风格气势雄浑，集秀逸、沉厚、劲健于一体。
隶书	华夏	隶书盛行于汉朝，书法风格平和自然，细腻含蓄。
楷书	華夏	兴盛于汉朝末期的楷书，书法风格讲究用笔、结体的客观规律。
草书	夏	草书结构简省、笔画连绵，形成于汉朝。它是为了书写简便，在隶书的基础上演变过来的。有章草、今草、狂草之分。
行书	華夏	行书是在楷书的基础上发展起来的，介于楷书、草书之间的一种字体，是为了弥补楷书的书写速度太慢和草书的难于辨认而产生的。

书法中的"永字八法"

"永字八法"是指汉字中的八种基本笔画，分别是点、横、竖、钩、提、撇、短撇、捺，这八种笔画包含了众多用笔技巧，而恰好"永"字全都有所涉及，故称"永字八法"。在古代，"永字八法"被认为是学书法入门的第一课。

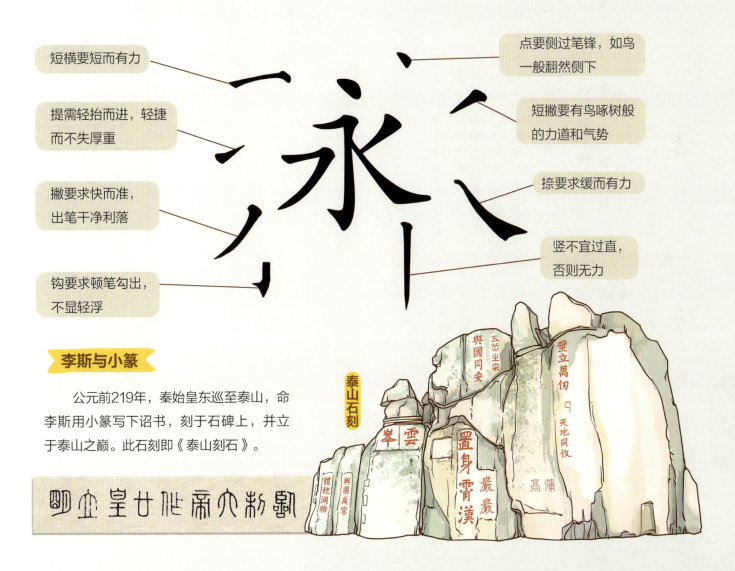

短横要短而有力

提需轻抬而进，轻捷而不失厚重

撇要求快而准，出笔干净利落

钩要求顿笔勾出，不显轻浮

点要侧过笔锋，如鸟一般翻然侧下

短撇要有鸟啄树般的力道和气势

捺要求缓而有力

竖不宜过直，否则无力

李斯与小篆

公元前219年，秦始皇东巡至泰山，命李斯用小篆写下诏书，刻于石碑上，并立于泰山之巅。此石刻即《泰山刻石》。

泰山石刻

楷书四大家

楷书四大家是对以楷书著称的四位书法家的合称，他们分别是唐朝欧阳询（欧体）、唐朝颜真卿（颜体）、唐朝柳公权（柳体）、元朝赵孟頫（fǔ）（赵体）。

常豈若壘起蕭墻禍
生蕃翰強踰七國势
重三監其有蹈水火
而不辟臨鋒刃而莫

唐朝欧阳询（欧体）

於四依有禪師法号楚金
姓程廣平人也祖父並信
著釋門慶歸法胤母高氏
久而無姙夜夢諸佛覺而
有媵是生龍象之微無取

唐朝颜真卿（颜体）

破塵教綱高張赦
辯赦分有大法
師如從親聞經律
論藏戒定慧學深

唐朝柳公权（柳体）

盂煩預議賜謚大覺以
言乎師之體普慧以言
乎師之用廣照以言慧
光之所照臨無上以言
為帝者師既奏有

元朝赵孟頫（赵体）

在书法史上，颜真卿是继二王之后成就最高、影响最大的书法家。他不但写字有风骨，做人也是刚正威武。

艺术

章草、今草和狂草

章草从汉隶演变而来，笔画简易，字与字之间不相连。

章草作品

今草在章草的基础上结合楷书发展而来，上下字连写，自由灵活。

今草作品

狂草又在今草的基础上发展而来，笔势连绵回绕，有如龙飞凤舞，字形变化很多，不容易辨识。

狂草作品

天下第一行书

历史上出了不少行书名家,如王羲之、颜真卿、王珣和苏轼等。其中素有"书圣"之称的王羲之写下的《兰亭集序》被誉为"天下第一行书"。

永和九年岁
于會稽山陰
也羣賢畢至

颜真卿的《祭侄文稿》和苏轼的《黄州寒食诗帖》分别被古人评为"天下第二行书""天下第三行书"。

瘦金体

人们练习书法中的"五大书体"之外,还会选择一些特殊的书体,比如瘦金体。

瘦金体是宋徽宗赵佶所创的一种风格相当独特的字体,本来应该称为"瘦筋体",但因为宋徽宗是皇帝,这种字体在取名时才用"金"字代替"筋"字,以表示对御书的尊重。瘦金体的笔迹瘦劲有力,锋芒毕露。

书写瘦金体需要极高的书法功力和涵养,当然,一个人如果没有气定神闲的心境也是写不出来瘦金体的。

皇上的字真是写得越来越好啦。

宋徽宗有很多瘦金体的作品流传下来,比较有名的是《楷书千字文》《秾芳诗帖》《怪石诗帖》《草书千字文》等。

其实,瘦金体是宋徽宗在融合前人的书法所长后创造出来的。这种瘦挺爽利的字体受到不少书法家的喜爱。

中国画派与名家

中国画，简称"国画"，古时也叫"丹青"，用毛笔蘸墨、彩作画于绢或纸上。

《洛神赋》顾恺之

艺术

隋唐之前

六朝四大家　六朝四大家指曹不兴（三国吴）、张僧繇（南朝梁）、陆探微（南朝宋）和顾恺之（东晋）。唐朝张怀瓘这样评价六朝画："张得其肉，陆得其骨，顾得其神。"

《山鹧棘雀图》 黄居寀
zhè jǐ   cǎi

《雪竹图》 徐熙
xī

黄筌画派和徐熙画派
quán

　　黄筌画派和徐熙画派是五代时期花鸟画的两大画派。黄筌画派的黄家父子多为宫廷作画，多画珍禽瑞鸟、奇花怪石。徐熙属于徐熙画派，在江南隐居不出仕，放荡不羁，多绘汀花野竹、水鸟渊鱼、田园草药。

《潇湘图》 董源

北宋　山水画派　由关仝、李成和范宽组成的三家山水画派，以及以董源、巨然为代表的江南山水画派。

南宋

南宋四家

　　南宋四家是指李唐、刘松年、马远和夏圭四人。他们对五代、北宋的山水画进行变革，创立南宋院体画风，豪纵简略。

《四景山水图》刘松年

艺术

元四家

元四家是指黄公望、王蒙、倪瓒（ní zàn）和吴镇四位山水画家。元四家的画风虽各不相同，但他们都以擅长山水画而闻名。

《快雪时晴图》黄公望

明清画坛呈现出繁荣生动的景象，尝试新的画法、画风，形成了众多画派。

《春游文几山》 唐寅

《林和靖诗意图》 董其昌

艺术

明朝

吴门画派

吴门画派的代表人物有沈周、文徵明、唐寅、仇英等。这一画派注重诗、书和画的有机结合。

松江画派

松江画派是明朝晚期松江地区的苏松派、云间派和华亭派的总称，其代表人物是董其昌。

黄山画派

来到黄山的文人雅士络绎不绝，创作了很多艺术作品。黄山影响了中国传统山水画的发展，被称为"中国山水画的摇篮"，黄山画派由此而来。黄山画派的画家们体味黄山的美景，描绘黄山的奇绝。石涛、梅清和渐江被称为"黄山画派三巨子"。

《墨荷图》石涛

扬州画派

扬州画派即扬州八怪，是清朝中期活跃在扬州的八位画家，公认说法是汪士慎、郑燮(xiè)、高翔、金农、黄慎、李鱓(shàn)、李方膺(yīng)和罗聘(pìn)八位。"怪"字体现了他们的绘画风格。他们孤傲清高，行为狂放，作画时离经叛道，被正统画家视为"怪异"。

《墨笔竹石图》郑燮

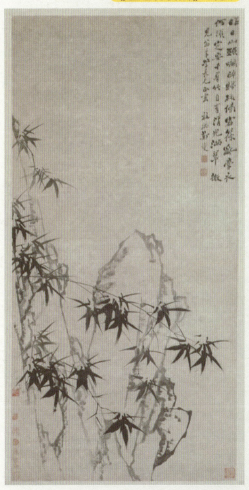

文房四宝

文房四宝即笔、墨、纸、砚，是我国独有的用于书写、绘画的工具。

湖笔

产于浙江湖州市善琏镇的毛笔素有"笔中之冠""毛颖之技甲天下"的美誉。湖笔一度成为毛笔的代名词。湖笔制作历史悠久，工艺精细，品种繁多。善琏镇也因此得"笔都"之名。如今，湖笔制作技艺是国家级非物质文化遗产。

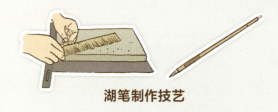

湖笔制作技艺

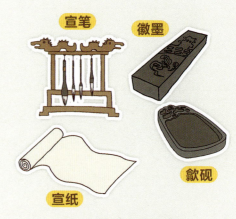

宣笔　　徽墨

宣纸　　歙砚

安徽的文房四宝

徽墨

徽墨来自古徽州（今黄山），以松烟、桐油烟、胶为主要原料制成，具有色泽黑润、入纸不晕、经久不褪、馨香馥郁、防蛀等特点。

宣纸

我国古代用于书写和绘画的纸，因原产于唐朝宣州泾县（今属安徽）而得名。宣纸有易于保存、经久不脆、不会褪色等特点，故有"纸寿千年"的美誉。按照不同的生产方式，宣纸分为生宣、熟宣和半熟宣。

生宣

生宣柔软且吸墨性强，能产生湿染效果。多用于国画、山水泼墨画，草书、行书书法作品。

熟宣

熟宣光滑且吸墨性差，用于工笔画、小楷毛笔书法等。

半生半熟宣

半生半熟宣介于生宣和熟宣之间。

四大名砚

四大名砚指的是端砚、歙砚、洮河砚和澄泥砚。

镇纸

镇纸的作用是压住纸张，避免纸张随风飘飞。

臂搁

古人从右往左写字，而且衣服宽大，很容易粘上墨迹，所以发明了放置胳膊的用具——臂搁。

古代音乐

一个人唱歌跑调，我们会用"缺五音少六律"来形容他。那什么是五音、六律呢？

五音

我国古乐的基本音阶，即宫、商、角、徵、羽。这类似于现在的do、re、mi、fa、sol、la、si七个音级，宫相当于do，商相当于re，角为mi，徵为sol，羽相当于la。

六律

乐音有高低之分，古人对乐音的高低有一个审定标准。他们用竹管制成的校正器具，根据管的长短来确定音的不同高度。从低音管算起，成奇数的六个管称"律"；成偶数的六个管称"吕"，后来"律吕"作为六律和六吕的统称。六律和六吕即十二律。

八音

八音指根据不同材料分为的八类乐器，包括金（钟、镈 bó）、石（磬 qìng）、土（埙 xūn、缶 fǒu）、革（雷鼓）、丝（琴、瑟）、木（柷 zhù）、匏（笙 páo shēng、竽 yú）、竹（笛、箫）。

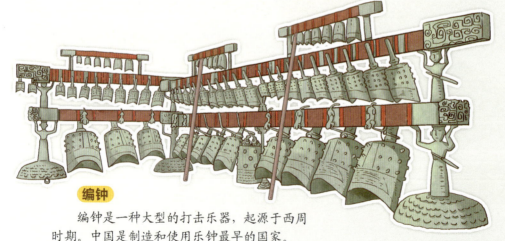

编钟

编钟是一种大型的打击乐器，起源于西周时期。中国是制造和使用乐钟最早的国家。

镈

镈是一种形似于钟的乐器，不像钟口呈弧状，为平口。镈是古代象征权威的礼乐重器。

陶埙

埙是一种用陶土烧制的吹奏乐器，据说是先民们模仿鸟兽叫声而制作，用来诱捕猎物。

琵琶

琵琶是一种弹拨乐器，有2000多年历史，最早出现在秦朝时期。

二胡

二胡最早发源于我国古代北部游牧部族，那时被称为"奚琴"。

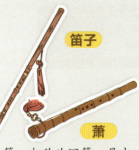

笛子

萧

箫，也称为洞箫，是中国古老的吹孔气鸣乐器。

古代著名乐曲

《高山流水》

高山流水遇知音，俞伯牙与钟子期由音乐成为至交。钟子期死后，伯牙痛失知音，摔琴断弦前弹了这首曲子。

善哉乎鼓琴，巍巍乎若泰山！
善哉乎鼓琴，洋洋乎若江河！

俞伯牙

这琴声太美了！

俞伯牙

钟子期

《十面埋伏》

《十面埋伏》表现的是垓下之围，汉军十面埋伏楚军的场景。

《广陵散》

传说，《广陵散》是《聂政刺韩王曲》的异名同曲。竹林七贤之一的嵇康被行刑前，气定神闲，索琴弹了这首曲子。

《广陵散》失散了很长时间，后人从明朝的宫廷发现并进行整理。

袁孝尼曾请我教他这首曲子，我固执己见，没有教他，《广陵散》于今绝矣！

嵇康

237

玉

我国治玉的历史非常悠久，红山文化的治玉水平已非常高超，其中的玉龙堪称国宝。

没错，远古时期就有龙的形象了，我就是古人心目中的神！

我被称为"中华第一龙"！

穿绳孔

晃晃悠悠

玉龙

年　代：新石器时代后期
用　途：祭祀
材　质：岫岩玉（xiù）
发现地：内蒙古自治区赤峰市
收藏地：中国国家博物馆

我有鹿眼、蛇身、猪鼻、马鬃，你们看我这飘逸的长发，哈哈！

《诗经》中有这样两句话，"他山之石，可以攻玉"和"如切如磋，如琢如磨"。仅从表面意思上看，这两句话都和治玉有关。玉的硬度较高，必须用更高硬度的石头加工它，比如砺石。"切""磋""琢""磨"概括了古代加工玉器的基本方法。

玉凤

玉猪龙

阴阳玉人

造像是在寺庙或崖壁间用石头、木头、金属刻成像，或泥塑成像。造像出现在佛教传入中国之后，大多都是佛教造像，比如敦煌莫高窟、云冈石窟、龙门石窟和大足石刻。

云冈石窟

云冈石窟位于山西大同，始建于460年，是我国早期石窟艺术的代表作品。第20窟的释迦牟尼佛像，盘膝而坐，神态庄严、慈祥，体现了精湛的雕刻技艺。

云冈石窟"胡貌梵相"，龙门石窟却是"中原风、大唐范儿"。龙门石窟坐落在河南洛阳，开凿于493年。那时候，北魏孝文帝进行汉化改革，还命人大量开凿佛像，那时石雕的风格便是北魏的"中原风格"。到了唐朝，在唐高宗和武后的极力推崇下，龙门石窟佛像的开凿达到鼎盛，"大唐风范"被展现得淋漓尽致。

奉先寺龙门石窟

唐三彩

我们是随走随停的"街头乐团",把各国乐曲带到大唐!

我们在骆驼背上搭了架子,铺了毛毯,坐得稳稳当当。

唐三彩,顾名思义,是表面以黄、绿、赭(红褐色)三色为主的唐朝陶器。唐三彩是低温釉陶器,采用"二次烧成法",先放入窑内经1000 ℃烧制,拿出冷却后上色,再入窑烧至800 ℃即可。

比起用颜料直接给陶器上色,唐三彩有个与众不同的绘制方法——施釉。

施釉就是给已经烧制好的陶器上釉、挂彩。

用含有铜、铁等金属元素的釉料上色。

再次烧制时,含金属元素的釉料和氧气发生化学反应,让陶器变得色彩斑斓,非常好看。

"西域风"的毛毯

乐团有7名男乐师和1位女主唱,我们精通各国乐器,会很多种语言。

唐三彩骆驼载乐俑

年　代:唐朝

用　途:随葬

材　质:陶土

发现地:陕西省西安市西郊中堡村唐墓

收藏地:陕西历史博物馆

瓷器

瓷器是我国的重大发明之一。中国的英文是"China"，瓷器的英文是"china"，可见瓷器对中国有多重要。

我们经常说"陶瓷"一词，其实瓷器源于陶器，烧制陶器的窑内温度升高，原始瓷器由此诞生。

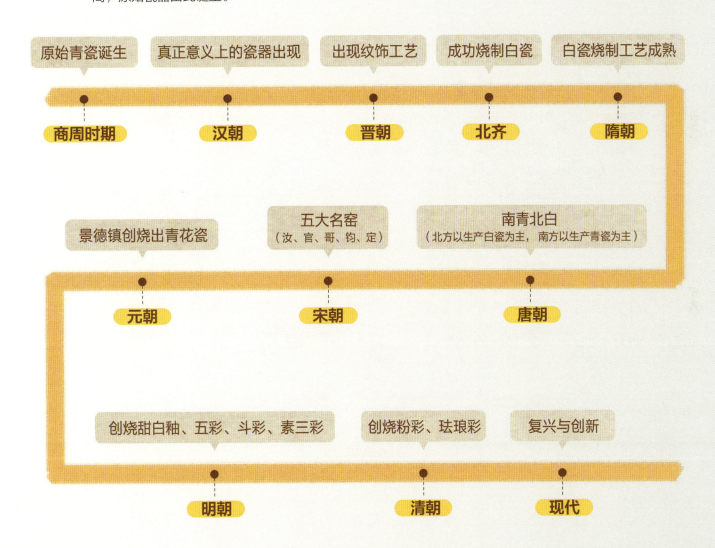

| 原始青瓷诞生 | 真正意义上的瓷器出现 | 出现纹饰工艺 | 成功烧制白瓷 | 白瓷烧制工艺成熟 |

商周时期 **汉朝** **晋朝** **北齐** **隋朝**

景德镇创烧出青花瓷

五大名窑
（汝、官、哥、钧、定）

南青北白
（北方以生产白瓷为主，南方以生产青瓷为主）

元朝 **宋朝** **唐朝**

创烧甜白釉、五彩、斗彩、素三彩

创烧粉彩、珐琅彩

复兴与创新

明朝 **清朝** **现代**

241

瓷器发展史

瓷器制作过程

一件瓷器的诞生

1.采土

高岭土是制作瓷器的主要原料，因出产于景德镇高岭村而得名。

2.练泥

将黏土和高岭土锤打成粉状，去除杂质，制成泥团。

3.制坯（pī）

将泥揉捏成预想的形状。

4.晒坯

晾晒捏制好的坯体。

釉是瓷器表面玻璃质的薄层，原料是各种矿物质，可以呈现出不同的颜色。

5.施釉

在坯上描绘釉色。

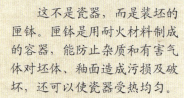

这不是瓷器，而是装坯的匣钵。匣钵是用耐火材料制成的容器，能防止杂质和有害气体对坯体、釉面造成污损及破坏，还可以使瓷器受热均匀。

6.烧制

瓷器入窑，烧制成型。

定窑

定窑在唐朝时兴起，因在宋朝时隶属于定州而得名。定窑以白瓷为主，带印花装饰的最为精美。

定窑白釉孩儿枕

汝窑

汝窑是建立于北宋时期的官窑，因隶属于汝州而得名。汝窑以烧制青瓷为主，仅烧制了20年左右的宫廷用瓷。

北宋汝窑莲花式温碗

官窑

北宋官窑在汴京建造，传世很少，十分珍稀。南宋迁都杭州后，在附近建造了官窑。

官窑粉青釉弦纹瓶

修内司官窑粉青贯耳穿带方壶

钧窑

钧窑的釉色一绝，入窑一色，出窑万彩，每一件钧窑瓷器都是独一无二的，因此有"钧窑无双"的说法。

钧窑玫瑰紫釉菱花式花盆

哥窑

哥窑瓷器的最大特点是釉面有大大小小开裂纹片，俗称"开片"。

哥窑青釉葵瓣口盘

青花瓷

青花瓷又叫"青花白地""釉里青"等。"青花白地"从青花瓷的外形即可看出，那"釉里青"是什么意思呢？讲的是青花工艺。在坯体上绘样后，施一层透明釉，在高温下一次烧成，釉下就会呈现出青色花纹。

唐朝是青花瓷的创制初期；明清时期，青花瓷的技术和艺术水平达到了巅峰。

青花婴戏纹碗

青花莲池鱼藻纹大盘

青花云龙纹梅瓶

斗彩

斗彩创烧于明朝，是釉下彩（青花）和釉上彩相结合的一种装饰品种。青花烧成后，在留出的空白处用低温彩料补绘，再放入烘炉中烘烤，斗彩就出现了。

斗彩鸡缸杯

斗彩海水龙纹"天"字盖罐

斗彩雉鸡牡丹纹笔筒

珐琅

附着在陶或瓷器表面的叫"釉"，附着在建筑瓦片上的叫"琉璃"，附着在金属表面上的就是"珐琅"了。

根据制作方法，珐琅可以分为掐丝珐琅、内填珐琅、画珐琅、玲珑珐琅和去光珐琅。掐丝珐琅是将细而薄的金属丝，焊在金属胎的图案轮廓上，再在图案内外填充各色珐琅，经过烧制、打磨、镀金而成的。

珐琅工艺来源于西方，在元朝时传入中国，中国在明朝时开始成批生产掐丝珐琅器。

画珐琅缠枝牡丹双连盒

掐丝珐琅花鸟图方盖壶

内填珐琅嵌玉葫芦瓶

245

景泰蓝

景泰蓝制作工艺

1.裁切

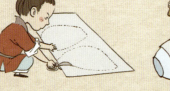

2.制胎

3.制丝掐丝

4.粘丝作画

5.点蓝上釉

6.进炉烧蓝

7.打磨抛光

8.表面镀金

景泰蓝是一种铜胎掐丝珐琅，盛行于明朝景泰年间，因初创时多用宝石蓝、孔雀蓝色釉作为底衬色，所以得此名。现在的景泰蓝已成为工艺品的名称。

掐丝珐琅勾莲象耳三足香炉

掐丝珐琅象驮宝瓶

雕漆是把天然漆料在胎上涂抹出一定厚度，再用刀在堆起的漆胎上雕刻花纹的漆器。雕漆的主要工序为雕，主要原料为漆。

剔红庭园高士图圆盒

剔红绶带秋葵纹漆盘

剔彩万岁长春漆盘

漆器的内胎用的是什么材料呢？有金属和非金属。金属的就是珐琅里，非金属的是漆里或木头里。天然漆又叫大漆、生漆，是指从漆树上割取下来的浅灰白色液体树汁。天然漆和空气接触后发生氧化会逐渐变成褐色，继续氧化变为黑色，"漆黑"一词从此而来。

割漆

春节

春节是中国最隆重的传统节日，俗称"过年"。严格意义上来讲，春节指的是农历的岁首——正月初一这一天。

由来

春节起源于上古社会的腊祭，西周时已有聚饮、拜贺、祝寿等活动。后来，公历传入中国，人们将1月1日称为"元旦"，将农历正月初一称为"春节"。

年兽

传说

在很久以前，青年万年受树影的影响，制作出日晷以测日影；又根据滴答落下的泉水，制作出漏壶。万年每天测日影，观察漏壶，探索日月运行的规律。数年后，商王祖乙因节令不准确而烦恼，万年便将自己的发现告知祖乙，还制成了太阴历。祖乙为感激万年，又把太阴历命名万年历，封万年为日月寿星。后来，人们把春节称作年，每逢过年便会在屋里挂上寿星图。

习俗

逛庙会

压岁钱

"岁"与"祟"同音，寓意压住邪祟，平安度过一年。

横批
福满人间

上联 江山千古秀
下联 天地一家春
福

贴福字

宋朝时，就有关贴福字的记载了。

拜年

从正月初一开始，人们会拜访亲友，施礼道贺，这一习俗被称为"拜年"。

由来

在古代，正月是农历的元月，夜晚称为"宵"，人们把一年中第一个月圆之夜，也就是正月十五称为"元宵节"，也称"上元节""灯节"。

习俗

像鱼不是鱼，
终生住海里，
远看是喷泉，
近看像岛屿。
——打一动物

猜灯谜

谜底：鲸鱼

汤圆源于宋朝，当时被称为元子、团子。后来，南方包的叫"汤圆"，北方滚的叫"元宵"。

北方的元宵是摇出来的。

南方的汤圆

包

馅

北方的元宵

南方的汤圆是包出来的。

249

清明节

清明节又叫"踏青节",是中国传统民俗节日,也是在春天祭奠先人的节日,在每年的4月4日、5日或6日。清明则是二十四节气中的第五个节气。

由来

说起清明节,我们不得不提寒食节。相传春秋时期,晋国公子重耳流亡列国长达19年,在这期间,大臣介子推始终追随重耳左右。后来,重耳回国做了君主,成为春秋五霸之一的晋文公。介子推不求回报和利禄,归隐绵山。晋文公为求他出山,焚烧绵山,最终介子推抱树而死。为纪念介子推,晋文公将放火烧山的那天定为禁火吃冷食的寒食节。

到了唐朝,由于寒食节和清明节日期相近,便逐渐融为一个节日。

习俗

放风筝

相传,把风筝放上蓝天后,剪断牵线,让风筝飞走能除病消灾,带来好运。

植树

清明前后,气温升高,雨量增多,树苗成活率高,生长快。因此,自古以来,中国就有清明植树的习惯。

踏青

踏青又叫"踏春",在古时也叫"探春""寻春",就是春天时到郊外散步游玩。

端午节

习俗

喝雄黄酒

吃粽子

艾草

挂艾草和菖蒲

艾草可用于驱蚊虫、辟邪。菖蒲是一种中医药材。

菖蒲

农历五月初五，过端午。"端"有"初"的意思，人们故将"初五"称为"端五"。端午节有许多别称，比如端五、重五、蒲节、端阳等。

由来

屈原

相传，在战国时期，楚国大臣屈原主张改革内政、联齐抗秦，他不仅遭到贵族的反对，还受小人离间，被革去职位并流放。公元前278年，秦军攻破楚国都城，屈原为表明自己至死不离祖国的决心，自沉于汨罗江。

赛龙舟

中秋节

农历八月十五是一年秋季的中期，所以被称为"中秋"。

习俗

中秋节夜晚的月亮又大又圆，一直是人们寄托思念之情的象征。所以，中秋节是全家团圆的日子，远方的游子要回家和家人团聚，一起赏月、祭月、吃月饼、赏桂花、饮桂花酒。

赏桂　祭月

饮桂花酒　京式月饼　苏式月饼　广式月饼

一家人聚在一起吃月饼，先要数数人数，也要算上不能回家的游子，然后按人数把月饼切开，一人一块，象征一家团圆。

传说

关于中秋节的来历，民间有很多神话传说，比如吴刚折桂和玉兔捣药。流传最广的传说，还要数嫦娥奔月。

嫦娥

嫦娥奔月

后羿

民俗文化

重阳节

农历九月初九是重阳节。

传说

南朝梁人吴均在《续齐谐记·九日登高》中写下了一个关于重阳节的故事。传说，在东汉时期，桓景（huán）家住汝南，随费长房在外游学多年。一天，费长房说："你家将在九月九日发生灾祸，你赶快回家，和家人一同佩戴绛囊（jiàng náng），将茱萸（zhū yú）插在手臂上，然后去登高并喝下菊酒，便可躲开这场灾祸。"桓景听后迅速回到汝南，照着费长房的话去做。登完山回家后，桓景发现家中圈养的牲畜全都死掉了。

习俗

佩戴茱萸袋

茱萸

吃重阳糕

喝菊花酒

杏仁

红枣

果脯

红豆

栗子

除夕

除夕是一年的最后一天的晚上，也被称为"大年夜"。农历的十二月多为三十天，所以除夕也叫"大年三十"。农历有大小月，大月30天，小月29天。如果腊月正逢小月，就没有大年三十，除夕就是腊月二十九，比如2022年就没有大年三十。

由来

传说，每年腊月三十晚上，"夕"都要到村庄里找吃的，还总是搞破坏，大家都很害怕它。后来，有个生活在竹林里的小孩告诉村民，"夕"很怕红色和炸响，只要大家在门上挂一块红布。等"夕"一来，就把碎竹节扔进火里烧，便能吓跑它。村民们用了小孩的办法，果然把"夕"吓跑了，所以每年的这个时候，大家为了防止"夕"再来捣乱，就把"除夕"的习俗传承了下来。"除夕"的名称也是这样来的。

习俗

包饺子

饺子

饺子中包含来年喜庆团圆、吉祥如意的美好祝愿。

年糕

年糕寓意着"年年高"。

民俗文化

泼水节

泼水节是傣族人心目中最重要的节日，一般在傣历的六月中旬，也就是公历的四月中旬举行。

火把节

每年的农历六月二十四至二十七日，彝族等少数民族会举行隆重的祭祀活动，围绕在一堆巨大的篝火旁尽情狂欢，过火把节。

那达慕

每年农历六月初四开始，内蒙古自治区有一个非常盛大的少数民族传统节日——那达慕，一般为期5天。在蒙古语中，"那达慕"是音译，有"娱乐、游戏"的意思。所以，那达慕其实是蒙古族为了庆祝丰收而举办的"竞技大会"。

射箭

赛马

摔跤

255

有趣的古代运动

角抵

　　角抵是较量力气的运动，类似今天的摔跤、相扑。在古代，角抵一开始是训练兵士的方法，后来演变为民间竞技，先后在宫廷、军队、民间流行。

投壶

　　投壶起源于春秋战国时期。人们在行酒吃饭之余，在空地上放一个壶，参赛的人站在一定的距离之外，将手中的箭投入壶中。魏晋时又在壶口两旁各加了一个直径小于壶口的耳朵，投壶计分的说法也就更多了。

　　投壶时可以一次投一支箭，连投几支，谁投进的多谁胜；也可以同时投三支箭。

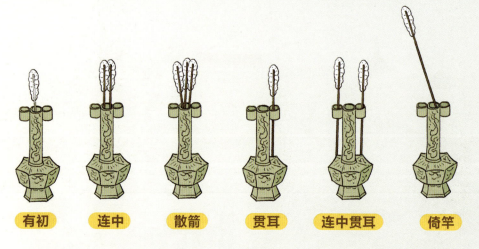

有初　　连中　　散箭　　贯耳　　连中贯耳　　倚竿

民俗文化

256

象棋

象棋是棋类运动的一种。双方各有16个棋子，分别为一将（帅）、两士（仕）、两象（相）、两车、两马、两炮和五卒（兵）。棋盘由9条直线与10条横线组成，中间划有河界。双方交替走子，以攻死对方的将或帅为胜。

围棋

围棋在古代叫"弈"，相传是尧发明的，早在春秋时期的《左传》中便已有记载。

围棋棋盘上分别有19条纵线和19条横线，这些线相互交错成361个点。双方分持黑白棋子放于于点上，用以围攻对方，最后看双方所占的点数来决定胜负。

赛龙舟

赛龙舟是一项多人坐在画着龙或者做成龙的形状的船上，划桨进行的比赛，也是我国传统的水上体育娱乐项目，多在端午节举行，传说是为了纪念屈原。

其实，赛龙舟早在屈原之前的上古时期就已有了雏形。长江以南曾住着以龙为图腾的百越人，他们在每年的农历五月初五举行图腾崇拜的活动，把粽子投入江河中祭祀龙神，乘着刻画成龙的独木舟探亲访友或比赛，表示庆祝。

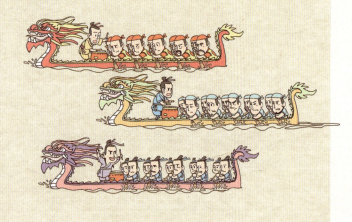

蹴鞠

蹴鞠是古代的一种踢球运动，类似于今天的足球，传说是黄帝为士兵练武强身而创。汉朝时的鞠多用皮革制成，鞠内塞有毛发；唐朝时发明了充气球，鞠变得更有弹性；宋朝时出现了用单球门比赛的蹴鞠形式，即筑球。

武术

武术又称国术、武艺，是中华民族传统体育项目，最早可追溯至原始社会。到了唐朝，武则天推行武举；明朝时出现了不同风格的武术流派，比如外家拳和内家拳。

击鞠

击鞠也叫"打马球"，是古代一种边骑马边击球的运动。唐、宋、辽、金、元等朝盛行击鞠，当时的击鞠既是一种练兵手段，也是宫中一项重要的礼仪和娱乐活动。

外家拳

咏春拳　　　华拳　　　查拳

形意拳　　　内家拳

太极拳

多样的汉服

现代服饰多种多样，其实古代也曾有"流行服饰"，样式繁多，各具特色。

别看我穿得简单，此后的服饰都是从这种"上衣下裳"的形式演变过来的！

商汤

商朝

秦朝

黑色的服饰和厚实的铠甲是秦朝独有的特色。

秦始皇

士兵

西周

象征等级的冠冕制度出现。

西周贵族

西周平民

东周

我们把上衣和下裳缝成一件，做成"深衣"，穿起来更方便。

深衣

汉朝

汉朝人会穿很多层衣服，而且会露出层层衣领。

赵飞燕

留仙裙

曲裾

直裾

唐朝

我梳的是盛唐流行的"半翻髻"。

盛唐仕女装

直脚硬翅幞头

唐朝文官

宫廷女子不但服装华贵，还要搭配玉钗、玉镯等各种漂亮的饰品。

魏晋南北朝

笼冠

北齐文官朝服

裤裙

平民男子

平民女子

隋朝

平头小样

翻领

襦裙

质朴、自然是我们的风范。

宋朝 **男性官服** **女性常服**

上紧下短的衣服，才方便骑马打仗！

元朝

皮衣皮帽是蒙古族的独特服装。

元朝贵族

辽金两朝

女性服装

我们保留了民族特色，也融合了汉族元素。

西夏

金冠是我们皇族的象征。

西夏王 **王妃**

民俗文化

在此后的500多年，袄裙都是汉家女子的常服。

明朝

宫廷女子

圆领

贵族服饰

袄裙

清朝

旗头

皇后

旗装

平民男子

我穿的是中山装，因孙中山先生倡导而得名。

女性学生服装

中山装

旧式西装

旗袍

民国

旗袍是清朝旗装的改良。

会说话的装饰纹样

吉祥如意，福寿平安，是古往今来中华民族的热切愿望和追求。图案是人们表达愿望的一种载体，也是追求吉祥和平安的踪迹。人们为各种图案赋予吉祥语、民间谚语、神话故事等内容，再用借喻、比拟、双关、象征等修辞手法，使一些图案变成具有一定吉祥寓意的装饰纹样。

官上加官

雄鸡冠和鸡冠花，"冠"与"官"同音，古人用以祝愿功名与升官。

鱼跃龙门

鲤鱼跃过龙门，在旧时表示中举、升迁等大喜之事，后比喻逆流前进，奋发向上。

喜象升平

瑞兽大象驮着宝瓶，太平景象，河清海晏。

喜上眉梢

喜鹊站在梅花枝头，寓意"喜上眉梢""喜报春先"。

mào dié
寿居耄耋

寿石与菊、蝴蝶、猫的图案有祝愿长寿之意。

dié
瓜瓞绵绵

大瓜与小瓜寓意子孙昌盛，繁衍不息。

民俗文化

凤穿牡丹

　　凤为百鸟之王，牡丹为百花之王。飞凤穿行于牡丹之中，象征安宁吉祥，富贵兴旺。

丹凤朝阳

　　《诗经·大雅》："凤凰鸣矣，于彼高冈。梧桐生矣，于彼朝阳。"丹凤朝阳，比喻贤才在政治清明的时代得以施展抱负。

龙凤呈祥

　　龙和凤分别是古人心中的祥兽、瑞鸟，哪里有龙，哪里便有凤来仪。龙凤呈祥象征着天下太平，五谷丰登。

喜得连科

　　"莲"与"连"同音，芦苇生长，常常连成一片。喜鹊站在莲花和芦苇丛中，寓意学子可以连连取得好成绩。

事事如意

　　"柿"与"事"同音，加之如意，寓意万事如意。

三羊开泰

　　"三阳开泰"出自《易经》，冬去春来，阴消阳长，非常吉利。在古代，"羊"与"阳"同音，便有了"三羊开泰"一词。

古代的食材

中国地大物博，物产丰富，这是美食繁多的基础。这些美食不是一蹴而就的，而是厨师反复组合各种食材，烹饪出来的。让我们来看看古代都有什么食材吧！

五谷

五谷是我国先民较早培育出的粮食作物，即稷、黍、菽、稻、麦。南北方气候差异，北方五谷有麻无稻。

麦
麦即小麦，主要用来制作面粉。

黍 shǔ
黍即黄米，在古代主要用来酿酒。

菽 shū
菽即大豆。

稷 jì
稷指谷子，即小米，在古代称粟 sù，是北方人民的主要粮食。

稻
稻也称水稻，是南方人民的主要粮食。

我国是农业大国，百姓以耕地为生，最希望五谷丰登、六畜兴旺，这意味着生活富足。《三字经》中说："马牛羊，鸡犬豕。此六畜，人所饲。"牛、马、羊、鸡、狗、猪是古人最为重视的六畜。无论是耕地、看家，还是作为交通工具或食物，古人的生活可都离不开它们。

267

蔬菜

《诗经》中提到过100多种植物，其中有20多种蔬菜。秦汉时期，人们主要食用韭菜等蔬菜。茄子、黄瓜、菠菜、扁豆等是在魏晋到唐宋时期从国外引进来的。元、明、清时期又引进了西红柿、辣椒和胡萝卜等蔬菜，还有红薯、玉米等高产作物。这些农作物的引入不仅提高了粮食的单位面积产量，还使当时的许多耕地可改种棉花、蚕桑等经济作物。

西红柿

姜

葱　蒜

韭菜

茄子

藕

茭白

红薯

冬瓜

南瓜

白菜

菠菜

毛豆

胡萝卜

黄瓜

白萝卜

山药

芋头

茴香

香菜

洋葱

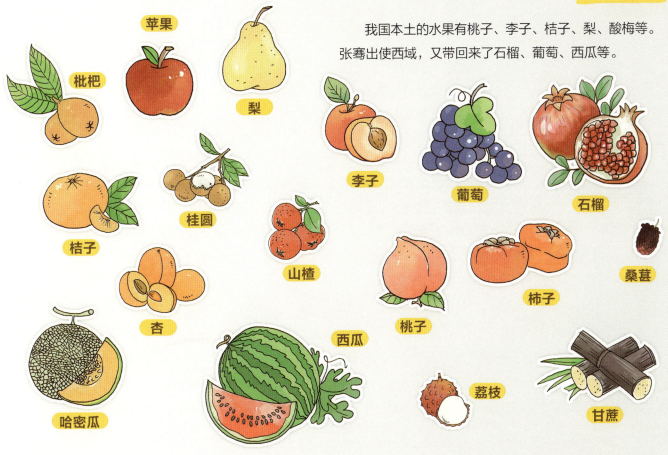

我国本土的水果有桃子、李子、桔子、梨、酸梅等。张骞出使西域，又带回来了石榴、葡萄、西瓜等。

枇杷
苹果
梨
桂圆
桔子
李子
葡萄
石榴
山楂
杏
桃子
柿子
桑葚
哈密瓜
西瓜
荔枝
甘蔗

我们今天能吃到各种各样的美食，一部分的功劳应归属于丝绸之路。这条横跨欧亚大陆的商道连接东西方，人们通过这条商道往来贸易，交流内容远比我们想象得丰富。胡麻、胡瓜、胡蒜、胡桃都经由丝绸之路引入中国。胡麻即芝麻，是一种油用型亚麻，可以榨油；胡瓜就是黄瓜，原产于印度；胡蒜就是大蒜，原产于亚洲西部。

核桃

核桃又叫胡桃，来自羌胡。张骞出使西域时，带回核桃的种子，移植秦中。

茶

我国是茶的故乡，茶的原产地就在我国西南地区。传说上古时期，神农尝百草时，无意中发现了茶叶这种神奇的树叶。

我国饮茶的历史十分悠久，早在2000多年前的西汉时期就已经有相关记载了。茶在古代叫作"荼""茗"等，一开始比较稀有，只有帝王显贵才能享用。

用这种叶子煮水，不仅更加解渴，味道还很清香。

神农

茗粥

魏晋南北朝时期，当时的士大夫阶层推崇隐逸之风，追求清淡、高雅的饮食和娱乐文化，饮茶和作诗便成了他们的最爱。不过，他们喝的并不是现在这种清澈的茶水，而是用新鲜茶叶和葱、姜、枣、橘皮、薄荷等多种佐料一起煮成的浓浓的"茗粥"。

茶叶的种类

绿茶　红茶　白茶
青茶　黄茶　黑茶

根据不同的发酵程度和制作工艺，茶叶可分为绿茶、红茶、白茶、青茶、黄茶和黑茶。

茶叶里有什么？

①茶多酚，有抑菌作用，可以防治蛀牙。

②生物碱，可以刺激中枢神经，提神醒脑。

③维生素B和维生素C，为人体提供维生素。

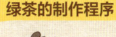
绿茶的制作程序

将新鲜茶叶放入铁锅中翻炒，使茶叶变软。

将茶叶揉捻成条形。

使茶叶干燥、固定形状，有烘干、炒干和晒干三种方式。

煎茶

点茶

泡茶

到了唐朝，茶进入寻常百姓家，普通人也能享用。这时人们换了一种喝法：将茶叶放进锅里煮，再加一点盐调味。这种方法被称为"煎茶"。

宋朝时流行将茶叶研磨成细末，放到小碗里，轻轻注入热水，用小刷子搅拌出丰富的泡沫，然后慢慢喝下去。这种方法叫作"点茶"。现在日本流行的茶道，用的就是点茶的方式。

明朝以后，随着制茶技术的进步，人们不再煎茶或煮茶，而是像现在一样泡茶了。

茶香清新高雅，不仅丰富了数千年来我国人民的生活，还漂洋过海，香飘世界。早在唐朝，游牧民族骑马来到中原，用马匹换取茶叶，开展茶马互市。同时，种茶技术传到了日本和朝鲜。近代，茶被带到欧洲，很快风靡世界。

这些都是新制的好茶！

茶马互市

酒

酒很早就成为人们喜爱的饮品了。传说，仪狄[dí]制造美酒，然后将美酒进献给大禹，大禹品尝后感觉酒的味道十分甘美，但他知道贪酒会误国，所以疏远了仪狄。

大禹的后代少康擅长酿酒，还进一步提高了酿酒的技术，被后世誉为"酿酒鼻祖"。少康又名杜康，所以后来"杜康"也成了酒的代名词。

为什么我的酒这么好，君主却不喜欢呢？

仪狄

贪杯误国啊！

大禹

何以解忧，唯有杜康！

曹操

我国古代的酒有许多种，比如醴[lǐ]、醪[láo]、酎[zhòu]、酿等。其中，醴是古人经常喝的一种甜酒，据说只要一个晚上就可以制成，酒精浓度低，酒味比较淡。

古代各种酒器

爵[jué]

爵是商周时期常见的青铜酒杯。

角[jué]

角也是酒杯，但和爵不同的是，上沿没有两根柱子。

觚[gū]

觚是一种喇叭形状的酒杯。

觯[zhì]

觯是古代饮酒用的器具。

觥[gōng]

觥是古代的一种酒壶，常做成牛、羊、野鸭等鸟兽的形状。

来通杯

来通杯是从波斯传来的饮酒器，唐朝人常用它来喝葡萄酒。

哈哈，今日不醉不归！

酿酒除了要用很多粮食，还需要一样重要的东西——酒曲。酒曲就像发面团时用的酵母，是酿酒的引子。用曲造酒是我国特有的酿酒方法，中国也是最早掌握酿酒技术的国家之一。到了北宋时期，制曲技术进一步发展，北宋朱肱所撰的《北山酒经》里就记录了多种制曲方法和当时先进的酿酒技术。

酒曲

《北山酒经》

北山酒经

白酒是一种蒸馏酒，到了元朝才出现，酿制时需先用酒曲将谷物发酵成酒醅（pēi），然后再进行蒸馏。白酒的酒精含量高，不像古代甜酒那样可以"千杯不醉"。

古代酿酒的过程

1.制曲
碾碎谷物，加入水和母曲，搅拌后踩压成块状，经过发酵，制成酒曲。

2.蒸煮
将谷物加水浸泡一夜，然后放在大锅里蒸熟。

3.发酵
蒸熟的谷物里加入粉碎的酒曲，放入缸中发酵一个月，制成酒醅。

4.蒸馏
将酒醅倒入蒸馏器中进行蒸馏，就可以得到白酒了。

中国美食

你听过"靠山吃山，靠水吃水"这句话吗？这是古人总结的关于"吃"的精髓。我国幅员辽阔，地域广博，每个地方有不一样的山水，也就孕育了不同的饮食文化。

大自然给了我们什么，我们就吃什么。比如黑龙江的三江水乡，鱼是最主要的食物；往西到了内蒙古草原，羊肉就成了最常见的美食。

现在交通越来越便利，我们随时都可以吃到来自全国乃至世界各地的美食。你喜欢哪些食物，知不知道它们来自哪里呢？

兰州拉面

馕

酥油茶

东北火锅

东北火锅也被称作"满族火锅"，是东北民间流行的一种美食。

烤全羊

我国饮食文化源远流长，各地风味自成体系。其中，鲁菜、川菜、粤菜、苏菜被视为传统"四大菜系"，加上浙菜、闽菜、湘菜、徽菜，共同构成了我国传统饮食的"八大菜系"。

苏菜

苏菜即江苏菜，主要以金陵菜、淮扬菜、苏锡菜、徐海菜等地方菜组成。苏菜重视保持菜的原汁，风味清鲜，浓而不腻。代表菜品有蟹黄汤包、松鼠鳜鱼、清炖蟹粉狮子头等。

蟹黄汤包

松鼠鳜鱼

清炖蟹粉狮子头

粤菜

粤菜即广东菜，发源于岭南，起步较晚，但影响深远，现在世界各地的中菜馆多以粤菜为主。代表菜品有盐焗鸡、梅菜扣肉等。

盐焗鸡

梅菜扣肉

羊肉泡馍

肉夹馍

牦牛肉

北京烤鸭

鲁菜

鲁菜即山东菜，起源于山东的齐鲁风味，历史悠久，以清香、鲜嫩、味醇著名，代表菜品有宫保鸡丁（鲁系）、九转大肠、糖醋鲤鱼等。

炒宫保鸡丁

九转大肠

糖醋鲤鱼

剁椒鱼头

过桥米线

狗不理包子

狗不理包子是"天津三绝"之首，始创于清朝咸丰年间。

蚵仔煎

蚵仔煎是中国闽南、台湾、潮汕等地区的经典小吃，用牡蛎、鸡蛋等煎制而成。

川菜

川菜即四川菜，起源于四川、重庆，以麻、辣、鲜、香为特色，代表菜品有毛血旺、夫妻肺片、龙抄手、担担面等。

毛血旺

夫妻肺片

龙抄手

担担面

古人常用的礼节

我国素有"文明古国""礼仪之邦"的美誉。《周礼》一书中讲述了六官体制，基本反映了西周晚期官制的特点，纳入了一系列的礼法。

《周礼·春官》记载："辨九拜，一曰稽首，二曰顿首，三曰空首，四曰振动，五曰吉拜，六曰凶拜，七曰奇拜，八曰褒拜，九曰肃拜。"

"拜"是中国古代表达崇高敬意的礼节，但"九拜"不是叩拜九次，而是九种不同的叩拜礼仪。稽首、顿首、空首是正式的拜礼。

稽首

屈膝跪地，左手按右手，拱手于地，头缓缓贴近地面，并在地面上停留一段时间。

空首

两手拱地，引头至手而不着地。

顿首

与稽首相比，头接触地面的时间很短。

在我们的印象中，古人动不动就要跪拜，他们为什么要选择这种方式来表达敬意呢？这和古人席地而坐的方式有关。汉朝以前，没有用于坐的椅子、凳子等，当时的人们一般两膝着地，将臀部压在脚后跟上；向人表示敬意时，将臀部抬起来，再俯身向下。

关于席地而坐，古代还有一种表示尊敬的行为，在需要的时刻离开席子站立一边，也就是避席。曾子在听孔子讲课的时候，接到提问后，避席而立。

作揖

作揖是古代常见的表示敬意的礼节。常见的作揖是双手抱拳前举，通常为左手在外，右手在内。此外，作揖还有土揖、时揖、天揖、特揖、旁三揖等形式。

土揖 君王向无姻亲关系的异姓亲族所行之礼。

时揖 君王向有姻亲关系的异姓亲族所行之礼。

天揖 君王对同姓亲族所行之礼。

特揖 士对每人单独所行之礼。

作揖、拜礼是古人见面时常用的礼节，也叫见面礼。《论语》中有记载，一次子路见到孔子时"拱而立"，就是行的拱礼。

座次的讲究

古时的座次有严格的尊卑之分。《史记·项羽本纪》中记载："项王、项伯东向坐，亚父南向坐。……沛公北向坐，张良西向侍。"

在筵席上，座次从尊到卑依次是坐西面东、坐北向南、坐南向北、坐东向西。由此可见，项王的座次最尊，张良的座次最卑。

姓氏的由来

我们部落的图腾是熊，看起来多厉害！

熊太可怕，我们部落的兔才可爱！

图腾崇拜时期，如果部落图腾是熊，部落的人就可能姓"熊"。

姓

上古时期，人们崇拜一些动植物和自然现象，把它们作为自己部落的守护神，也就是图腾。久而久之，这些图腾变成部落的姓，这就是最初姓的来源。此外，姓的起源也和上古族群的居住地等因素有关。

我发明了钻木取火，人们叫我"燧人氏"！

燧人氏

我尝遍百草，发现不少草药，人们叫我"神农氏"！

神农氏

氏

氏是姓的分支。随着人口繁衍增多，同一家族的人分成若干支散居到各处，各个分支的人为了区分，往往在保留姓的基础上，再给自己取个另外的称呼，这就是"氏"。

到了春秋战国时期，姓和氏之间的区别逐渐模糊，很多氏变成了姓。秦汉以后，姓和氏合一，统称"姓氏"，不再进行区分了。

历史上有很多专门记录或研究姓氏的书籍，最著名的莫过于北宋时期成书的《百家姓》，书中原收录了411个姓氏，后增补到504个，其中单姓444个，复姓60个。

民俗文化

《百家姓》的作者据说是钱塘地区的一个书生，他并没有按照当时实际的姓氏人口数量排序，而是以四字一句、字字押韵的方式，将常见的姓氏编成了一篇朗朗上口的文章。因为韵律和谐、简单易懂，《百家姓》被当作古代儿童的启蒙读物，与《三字经》《千字文》并称为"三百千"。

怎么才能更押韵呢？

百家姓

《百家姓》为什么以"赵钱孙李"开头？

《百家姓》编写于北宋初年，北宋皇帝为赵姓，"赵"是国姓，自然要放在第一位；《百家姓》的作者是浙江钱塘人，当时占据浙江一带的是吴越国，吴王叫钱俶(chù)，所以"钱"在第二位；钱俶的正妃为孙姓，夫荣妻贵，"孙"在第三位；"李"是与吴越国毗邻的南唐的皇室姓氏，故排在第四位。

《百家姓》节选

zhào qián sūn lǐ　　zhōu wú zhèng wáng
赵 钱 孙 李，　周 吴 郑 王。

féng chén chǔ wèi　　jiǎng shěn hán yáng
冯 陈 褚 卫，　蒋 沈 韩 杨。

zhū qín yóu xǔ　　hé lǚ shī zhāng
朱 秦 尤 许，　何 吕 施 张。

kǒng cáo yán huà　　jīn wèi táo jiāng
孔 曹 严 华，　金 魏 陶 姜。

qī xiè zōu yù　　bǎi shuǐ dòu zhāng
戚 谢 邹 喻，　柏 水 窦 章。

yún sū pān gě　　xī fàn péng láng
云 苏 潘 葛，　奚 范 彭 郎。

lǔ wéi chāng mǎ　　miáo fèng huā fāng
鲁 韦 昌 马，　苗 凤 花 方。

yú rén yuán liǔ　　fēng bào shǐ táng
俞 任 袁 柳，　酆 鲍 史 唐。

fèi lián cén xuē　　léi hè ní tāng
费 廉 岑 薛，　雷 贺 倪 汤。

téng yīn luó bì　　hǎo wū ān cháng
滕 殷 罗 毕，　郝 邬 安 常。

yuè yú shí fù　　pí biàn qí kāng
乐 于 时 傅，　皮 卞 齐 康。

wǔ yú yuán bǔ　　gù mèng píng huáng
伍 余 元 卜，　顾 孟 平 黄。

hé mù xiāo yǐn　　yáo shào zhàn wāng
和 穆 萧 尹，　姚 邵 湛 汪。

qí máo yǔ dí　　mǐ bèi míng zāng
祁 毛 禹 狄，　米 贝 明 臧。

jì fú chéng dài　　tán sòng máo páng
计 伏 成 戴，　谈 宋 茅 庞。